엄마,
꼬추검사
한거야?

과학 기자 임소형의 스마트한 육아 다이어리

엄마, 꼬추 검사 한 거야?

★ 임소형 지음

추천사

모성은 위대한 창조의 원천입니다

어렸을 적, 아침에 언니, 오빠들 학교 가는 모습이 부러워 저도 학교 가겠다고 따라나서면, 그때마다 어머니는 제 작은 손가락을 나이 숫자만큼 펼치게 하시고는 그때까지 기다려야 한다고 달래주셨습니다. 정작 초등학교에 입학하고 나서는 수업이 끝나자마자 집으로 달려와 대문을 열면서 가장 먼저 "엄마!"를 외쳤지요. 그때마다 손에 묻은 물기를 흰 앞치마에 훔치시고 저를 안아주시던 어머니의 따뜻한 품을 지금도 잊을 수가 없습니다.

2011년 5월 환경부 장관으로 취임한 날, 저는 제일 먼저 어머니가 생각났습니다. 새벽부터 밤늦도록 뒤뜰 장독대며 앞마당, 부엌과 마루, 방 등 집안 곳곳을 쓸고 닦으신 어머니처럼 저도 정성을 다해 대한민국 환경을 보듬어야겠다는 각오를 취임사에서 "부모의 심장과 과학자의 두뇌로 노력하겠

다"라고 밝혔습니다.

　어머니께서는 오늘 이 순간까지도 저에게 큰 그늘을 드리우고 계십니다. 게다가 어머니께서 저에게 주신 사랑과 은혜를 제가 오롯이 제 아이에게 물려주었는지 생각하면 늘 부족함을 감출 수 없습니다. 가정과 직장, 사회생활을 동시에 완벽하게 수행하려는 마음으로 최선을 다하지만 항상 부족한 것이 아닌가 하는 불안감, 그것이 오늘을 살아가는 우리 여성들의 공통된 화두가 아닐까요? 그런 점에서 여러분이 만나게 된 이 책은 마치 마음속에 품었던 고민을 오랜 친구와 나누는 듯한 공감대를 느끼게 할 것입니다.

　제가 임소형 기자를 처음 만났을 때가 생각납니다. 그때 그녀는 잉크 냄새 폴폴 풍기는 신입 기자였지요. 몇 년 후 결혼을 했고 또 엄마가 됐습니다. 임소형 기자가 쓰는 과학 기사와 의학 기사에서 숨소리가 들렸다고 기억합니다. 그런데 어느 날 과학 기사에 육아 이야기가 등장하더니 그때부터 그녀의 글에서는 '엄마의 애틋한 사랑'이 묻어나기 시작했지요. 신문에서 읽는 글이지만 마치 옆집 새댁의 육아 이야기를 듣는 듯한 착각에 빠지게 됐다고나 할까요?

　아마도 기자로 최선을 다하면서 초보 엄마로 살아간다는 게 실로 만만치 않았으리라 짐작합니다. 보람이 있었던 만큼 좌절도 있었겠지요. 하지만 임소형 기자는 자신의 전문 분야에 육아라는 새로운 아이템을 접목해서 아무도 시도하지 못한 분야를 훌륭하게 일궈냈습니다.

프롤로그에서 임 기자가 "육아에 대해선 관심도 상식도 없던 왕초보 엄마에게 유일한 무기가 바로 과학이었어요"라고 밝힌 것처럼 사회적으로 불리할 수도 있는 '아기 엄마'라는 상황을 오히려 자신만이 해낼 수 있는 강력한 '무기'로 만들어냈던 겁니다.

제가 임소형 기자를 높이 평가하는 지점이 바로 이 대목입니다. 엄마로서의 무한한 애정, 과학도로서의 깊은 통찰, 기자로서의 투철한 책임감이 하나로 어우러져 선뜻 흉내 낼 수 없는 새로운 영역을 개척한 셈이지요. 그녀가 이뤄낸 결정체가 이 책 곳곳에 숨어 있음을 봅니다. 우리는 언론사와 연구실이라는 서로 다른 공간에 있었지만, 한편으로는 전문성이 강한 직종에서 일하며 아이를 낳고 키우는 엄마라는 공통점이 있었습니다.

그런 이유로 이 책의 이야기들이 가슴에 깊은 감동을 전합니다. 우리 사회에서는 여성의 활약이 매우 빠르게 확장하고 있습니다. 21세기 또한 여성의 역할을 요구하고 있습니다. 하지만 현실은 그다지 여유롭지 않습니다.

특별히 저는 이 책을 사회생활과 육아를 동시에 하고 있는 젊은 엄마, 아빠들에게 권합니다. 이 책은 어떻게 하면 우리 아이를 건강하고 좋은 환경에서 키울 수 있는지를 생생한 생활 속 경험담으로 친근하게 풀어내고 있습니다. 오랫동안 과학 기자와 의학 기자로 활동해온 임소형 기자가 초보 엄마로서 아이를 키우며 겪은 경험을 생생하게 글로 옮겼습니다. 이 책을 끝까지 읽는다면 그녀가 더는 초보 엄마가 아님을 알게 될 것입니다.

　모성애는 우주를 관통하는 불변의 진리입니다. 어머니 마음은 모든 종교를 아우르는 본성입니다. 모성은 위대한 창조의 원천입니다. 임소형 기자 또한 그 깊은 모성애에서 출발했기에 이 책을 완성할 수 있었을 것이며 그렇기에 많은 분들의 공감을 얻게 되리라 믿습니다.

　엄마의 사랑과 과학 기자의 지성으로 쓴 이 책이 우리 아이들의 환경을 쾌적하고 건강하게 만들어가는 데 큰 힘이 되기를 바랍니다. 또한 이 세상 모든 엄마들을 응원하며 사랑하고 존경하는 마음으로 박수를 보냅니다.

환경부 장관 유영숙

추천사

육아가 사람을 만듭니다

　　　　　　　세상에는 직업이 참 많습니다. 저는 하고 많은 직업 중에 의사를 택했습니다. 의과대학을 졸업한 후 40년째 의사 생활을 하고 있고, 곧 교수로서는 정년을 앞두고 있습니다.

　　제가 의사를 직업으로 택한 것은 철이 들기도 전이었습니다. 저는 어렸을 때부터 "너는 커서 의사가 돼야 한다"라는 아버지 말씀을 듣고 자랐습니다. 의사가 어떤 점에서 장점이 많은 직업인지, 보람 있는 직업인지를 따지기 전에 그리고 얼마나 고되고 힘든 직업인지를 알기 전에 벌써 저는 의사라는 직업 이외엔 생각할 수 없게 세뇌(?)돼버린 셈입니다. 이것으로도 어릴 적 교육이 얼마나 중요한지 증명됩니다.

　　세 살 적 버릇이 여든까지 간다고 합니다. 좋은 버릇이든 못된 버릇이든 육아의 중요성을 강조하는 말입니다. 육아와 교육이 한 사람의 미래를

좌우한다고 해도 결코 지나친 말이 아닐 겁니다. 그만큼 어릴 적 교육이 중요하기에 요즘 엄마들이 많은 관심을 두고 있다는 것을 주위에서 자주 보고 있습니다. 제 전공이 유방암이라 여성 환자, 특히 엄마 환자를 많이 대하는 덕분입니다.

진찰을 받으러 올 때 아이를 데리고 오는 엄마가 많습니다. 그럴 때는 아이들이 하얀 가운을 입은 저를 호기심 어린 눈으로 보는 걸 경험합니다. 이 아이들이 의사라는 직업을 어떻게 여길지 이때 결정된다고 생각하면 행동이나 말씨가 한층 신중해지곤 합니다.

조기 교육의 중요성이 점점 더 강조되고 있음은 주지의 사실이지요. 과학과 의학을 담당하는 현장 기자의 육아 이야기가 책으로 엮여 나옴은 시의적절한 일입니다. 이 책은 임소형 기자가 스스로 아이를 키우면서 겪은 세세한 경험이나 고민, 혼란 등을 과학과 의학적인 관점에서 바라보고 해결해가는 에피소드를 담고 있습니다. 취재 기자의 특유하고 예리한 관찰력으로 말입니다.

이 책이 가장 필요한 사람은 저자처럼 어린 아이를 키우고 있는 젊은 엄마들입니다. 인터넷이나 소셜네트워크를 통하여 쉴 새 없이 홍수처럼 쏟아지는 정보 중에 잘못된 엉터리도 많다는 사실은 부정할 수 없습니다. 이런 정보의 바다 속에서 과학적으로 또 의학적으로 올바른 육아 정보를 얻어 아이를 잘 키우려는 엄마들의 소망을 이 책은 충족시켜줄 거라고 생각합니다.

과학책이나 의학책은 보통 읽기에 딱딱하기 마련입니다. 하지만 드물게 부드럽고 쉽게 읽히는 책도 있습니다. 이 책은 그래서 더욱 빛이 납니다.

조금 더 먼 바람이 있다면 이 책을 읽은 엄마들의 손에서 자라난 아이들이 우리나라의 장래를 짊어지는 과학과 의학의 영재가 되길 소망합니다. 촉망받는 과학자, 신뢰받는 의사도 결국 거슬러 올라가면 육아와 교육의 산물이기 때문입니다.

건국대학교 의료원장 겸 의무부총장 양정현

프롤로그

10여 년 전에 저를 부르는 호칭이 새로 생겼지요. 바로 "기자"였습니다. 올해로 10년째 과학과 의학 기사를 쓰면서 수많은 사람들을 만났어요. 그 사람들이 저를 기자라고 부릅니다. 2008년에는 호칭이 하나 더 늘었습니다. "엄마" 말이에요. 세상에서 절 엄마라고 부르는 이는 딱 한 사람, 우리 아이뿐입니다. 그래도 그 호칭이 주는 무게감은 수많은 "임 기자"와 맞먹습니다.

새 호칭이 아직 낯설 무렵 운 좋게도 특별한 기회를 얻었어요. 신문에 이름을 걸고 칼럼을 쓸 수 있는, 기자로서도 흔치 않은 기회였습니다. 저는 저만이 할 수 있는 이야기를 독자들에게 들려주고 싶었어요.

기자 사회도 여느 직장과 마찬가지예요. 엄마라는 점에선 득보다 실이 많죠. 어쩌면 엄마라는 사실이 약점이 될 수도 있습니다. 그래서 저는 아예 약점을 드러내기로 했지요. 어차피 엄마가 된 마당에 뭐가 문제겠어요? 2009년 8월부터《한국일보》과학 면에〈나? 과학 아는 엄마 기자〉란 문패를 달고 초보 엄마의 이야기보따리를 풀기 시작했습니다.

　육아에 대해선 관심도 상식도 없던 왕초보 엄마에게 유일한 무기가 바로 과학이었어요. 아이에게 뭘 먹여야 할지, 아이와 어떻게 놀아줘야 할지, 아이가 아플 때 어떻게 대처해야 할지, 아이의 말이나 행동을 어떻게 이해해야 할지 갈피를 잡지 못할 때마다 지난 10여 년 동안 수많은 교수와 연구원, 의사에게서 취재한 과학이 도와줬지요. 매주 연재한〈나? 과학 아는 엄마 기자〉칼럼에는 그 경험담을 담았고, 이 책에는 2년 반 동안 신문 지면에 실은 칼럼들을 다시 다듬어 모았습니다.

　육아와 과학, 언뜻 생각하면 별로 상관없어 보일 수 있어요. 게다가 세상에는 인터넷과 책부터 이웃 엄마들의 입소문, 우리네 어머니들의 오랜 경험까지 육아 정보가 다양하게 넘칩니다. 하지만 생각보다 많은 초보 엄마들이 정작 어떤 정보가 정확하고 아이에게 진짜 필요한지 헷갈려 해요. 바로 그런 엄마들에게 과학이 길잡이가 될 수 있습니다.

　어쩌면 이 책은 서점에 꽂혀 있는 많은 육아 서적처럼 전문가의 깊이 있는 지식을 전달하지는 못할지 모릅니다. 저는 육아 전문가가 아니니까요. 여전히 저는 초보 엄마로 아이를 키우고 있고, 우리 아이는 이제 네 돌밖에 안 됐거든요. 그러니 이 책은 자식을 훌륭하게 키워낸 엄마의 성공 스

토리도 못 될 듯합니다. 그렇지만 넘쳐나는 육아 정보 사이에서 난처해본 적 있는 많은 초보 엄마들에게는 이 책 속의 생생한 경험담이 적지 않게 도움이 될 거라고 생각해요. 과학이 육아에 중요한 밑거름이 된다는 점 또한 공감을 얻으면 좋겠습니다.

신문에 연재를 2년 6개월가량 하니 저를 "엄마 기자"나 "과학 엄마"라고 부르는 동료 기자들이 제법 늘었어요. 취재하면서 만난 초보 엄마, 아빠들도 "우리 집 처지랑 똑같다", "우리 아이 얘기도 좀 써달라"며 많이들 관심을 줬고요. 참 반갑고 고마운 일입니다. 그들이 이 책의 출간에 큰 몫을 했음을 밝힙니다. 동료 기자들의 기사와 조언을 많이 참고했고, 취재원들의 육아 에피소드에서 칼럼 소재 아이디어를 얻은 적도 여러 번이에요.

부족한 글을 꼼꼼히 챙겨주신 인물과사상사와 오랜 시간 책 기획에 공들여주신《한국일보》정보자료부 현상원 부장, 원성두 차장과 책 곳곳을 맛깔 나는 정보로 채워준《한국일보》인턴 기자들에게 감사를 전합니다. 워킹맘 며느리, 워킹맘 딸을 두셨기에 더 마음 졸이고 더 힘드셨을 우리 부모님들, 항상 응원해준 남편과 동생들에게도 감사합니다.

그리고 사랑하는 우리 아이에게도 이 책이 훗날 소중하고 값진 선물이 될 거라고 믿습니다.

2012년 9월, 서울의 한 기자실에서

차례

추천사···005
프롤로그···012

성장 다이어리

심리 발달

- ★ 배꼽 만지는 아이···023
- ★ 뽀로로와 토마스의 공통점···030
- ★ 우리 아이의 여자친구···034
- ★ 호랑이와 치과···037
- ★ 이모가 좋아요···044
- ★ 뭐가 그렇게 싫을까···047
- ★ 아빠의 승리···054

 인지 발달

- ★ 원시인과 통하는 아이···059
- ★ 아이의 특별한 능력···066
- ★ 딱 걸린 아빠···070
- ★ '놓다'와 '끼우다'의 차이···075
- ★ "총으로 쏴버릴 거야"···082
- ★ 우리 아이 영재 아닐까···087
- ★ 거울 속에 누가 있어요···091
- ★ 남자는 자동차, 여자는 인형?···096

신체 발달

- ★ 손으로 글씨를 써야 하는 이유···102
- ★ 뭘 하고 놀아줄까···112
- ★ 생후 100일, 깊어지는 잠···116
- ★ 김밥에서 무슨 냄새가?···121
- ★ 비교하지 마세요···125
- ★ 엄마, 꼬추 검사 한 거야?···129

건강 다이어리

아이 지켜주기

- ★ 선택에 내몰린 엄마···137
- ★ 타이레놀과 부루펜의 차이···143
- ★ 약보다 더 좋은 것···150
- ★ 엄마는 헷갈려···156
- ★ MMR 맞혔는데 볼거리?···160
- ★ 수족구병 백신이 없는 까닭···165
- ★ 친구 손톱에 긁혔어요···171
- ★ 처음 차멀미 한 날···176
- ★ 아이는 어른과 달라요···180

먹고 마시기

- ★ 조금은 둔한 엄마 되기···187
- ★ 어디서 솔솔 고기 냄새가?···192
- ★ 아이 달래는 특효약···198

- ★ 잠 못 자는 아기, 혹시 배앓이?···204
- ★ 극성과 정성 사이···208
- ★ 억울한 조미료···214
- ★ 채소가 진짜 보약···220

습관 만들기

- ★ 우리 아이 등이 언제부터···227
- ★ 치카치카 전쟁···234
- ★ 제발 안경만은···240
- ★ 태양을 피하는 방법···244
- ★ 엄마를 깨우는 소리···250

과학 다이어리

가족들 이웃들

★ 엄마와 아빠의 차이···257
★ 행복한 엄마, 우울한 엄마···263
★ 가을이와의 이별···268
★ 할머니 가르치는 아이···273
★ 다시마와 미역의 함정···276
★ "엄마가 되고 싶어요"···281
★ 이른둥이를 위하여···286

키우며 배우며

★ 난 엄마다운 엄마일까···291
★ 워킹맘 머피의 법칙···297
★ 참다 참다 폭발하는 순간···300
★ 아톰부터 트랜스포머까지···304
★ 동심을 지켜주세요···310

에필로그···314

성장 다이어리

심리 발달
인지 발달
신체 발달

배꼽 만지는 아이

언젠가부터 우리 아이는 잘 때 엄마 배꼽을 만지작거리는 버릇이 생겼어요. 제 팔을 베개 삼아 누운 다음 한쪽 손을 항상 제 배에 올리고 배꼽을 찾아요. 배꼽을 무사히 찾고 나면 이 손가락 저 손가락으로 만지작거리다 쌔근쌔근 잠이 들지요. 어린이집에 다녀와 오후엔 할머니와 지내면서도 밤에는 꼭 엄마랑 함께 자야 하는 이유가 그래서에요. 할머니나 아빠 배꼽으로는 안 된다면서요.

자기 전뿐만이 아니에요. 그냥 낮에 놀다가도 꼭 엄마한테 와서 배꼽을 한 번씩 만집니다. 안 만지면 무슨 일이라도 날 것처럼 "엄마, 엄마, 배쪼뿌(우리 아이는 배꼽을 이렇게 부른답니다)!" 하고 애절하게 배꼽을 찾아요. 네 돌이 지난 지금까지도 이 버릇은 여전합니다.

동일본 대지진으로 후쿠시마 제1원자력발전소 사고가 난 지난 2011년

3월 우리 아이는 40개월이 채 안 됐어요. 과학을 담당하는 기자니 사고 직후부터 한동안 별 보며 퇴근하는 날이 이어졌지요. 집에 들어오면 아이는 이미 자고 있는 날이 대부분이었어요. 쌔근쌔근 잠든 아이 얼굴을 보며 처음엔 이제 엄마 배꼽 없이도 잘 자는구나, 많이 컸나보다 생각했습니다.

그런데 웬걸, 며칠 지나니 아침에 눈을 뜨자마자 배꼽을 찾기 시작했어요. 출근하려면 씻고 옷 입을 시간도 빠듯한데, 부스럭거리는 소리에 눈을 뜬 아이가 저보고 도로 누워라, 배꼽 달라 칭얼댔지요. 며칠 사이 밤에 제대로 '배꼽 맛'을 못 본 탓이겠거니 싶어서 조금 안쓰러운 마음에 잠시 아이에게 배꼽을 내주곤 했습니다. 엄마 품에 폭 안겨 배꼽을 만지작거리는 동안 아이의 눈빛이 그렇게 평온해 보일 수가 없었어요.

아이와 부모의 스킨십이 얼마나 중요한지는 이미 잘 알려져 있습니다. 스킨십을 과학으로 말하면 '촉각 자극'이지요. 특히 아이가 어릴수록 촉각이 중요합니다. 정보의 상당량이 촉각을 통해 뇌로 들어가니까요. 어린 시절 촉각 자극을 충분히 받지 못한 아이는 면역력이 떨어지고 뇌에선 신경회로가 제대로 형성되지 않을 수도 있습니다.

우리 아이가 자라는 환경을 곰곰 생각해보았어요. 텔레비전과 인터넷, 책 같은 시각 자극이 넘쳐납니다만, 이에 견줘 촉각 자극은 부족해 보였습니다. 일본 원전 사고 때문에 엄마와 떨어져 있는 시간이 평소보다 많았던 그때 아이가 엄마 배꼽에 유달리 더 집착한 게 촉각 자극에 더 목말라하고

있었다는 증거가 아니었을까 싶어 미안해집니다.

    사람 몸의 감각을 연구하는 과학자들에게 촉각은 다른 감각보다 특히 매력적이에요. 시각이나 청각에 비해 압력이나 온도, 진동 등을 수치화하기가 쉬워 물리적 데이터를 많이 만들어낼 수 있기 때문입니다. 물론 어려움도 있긴 해요. 데이터가 워낙 방대한 데다 뇌로 전달되는 과정 또한 매우 복잡하거든요. 아직까지 과학이 촉각을 완벽하게 재현해내지 못하는 이유도 바로 그래서입니다.

    최근 촉감을 인공적으로 만들어내 이를 진짜처럼 사람에게 전달하는 기술이 각광받고 있어요. 바로 '햅틱스Haptics' 입니다. 과거엔 불가능할 거라고 여겨졌던 촉각 정보 처리가 가능해진 것은 컴퓨터공학이 눈부시게 발전한 덕분이지요. 사람이 느끼는 촉감을 기계로 실제와 똑같이 만들어낼 수 있다면 쓰임새도 무궁무진할 겁니다. 예를 들어 외과 의사의 수술에 큰 도움을 줄 수 있어요. 사람의 생명을 다루는 수술을 직접 집도하기 전에 의사들은 훈련을 많이 해야 하지요. 지금은 주로 동물이나 사체를 이용해 훈련을 합니다.

    햅틱스 기술이 의료 현장에 도입되면 확 달라지겠지요. 컴퓨터 모니터에 가상 환자와 환부가 나타나고 여기에 햅틱 장치를 연결하면 진짜 환부를 만지는 것 같은 느낌이 의사에게 전달되는 겁니다. 진짜 같은 가짜 수술을 얼마든지 해볼 수 있다는 소리예요. 아직은 꿈같은 이야기지만요.

동일본 대지진으로 수많은 사람들이 죽거나 다쳤습니다. 뜻하지 않은 천재지변으로 부모를 잃은 아이들이 안쓰럽죠. 햅틱스 기술이 좀 더 일찍 발전했더라면 그 아이들에게 아빠의 손길과 엄마의 품을 대신할 수 있지 않았을까요? 첨단 과학의 발달이 사람들의 정서를 메마르게 한다고들 하지만 햅틱스 기술을 생각하면 꼭 그렇지만은 않지요. 어떻게 쓰이느냐에 따라 과학이 사람의 마음을 다독여줄 수도 있을 겁니다.

 햅틱스로
구현해낸 기술들

햅틱 마우스

컴퓨터 화면을 보면서 커서를 화면 속 물건에 대고 손가락으로 마우스 버튼을 누르면 그 물건이 딱딱한지 부드러운지, 매끄러운지 거친지, 따뜻한지 차가운지 느낄 수 있다.

햅틱 자전거

컴퓨터 화면을 보면서 자전거 시뮬레이터를 타는 동안 오르막길을 만나면 페달을 돌기기가 힘들어지고, 내리막길에서는 수월해진다.

햅틱 낚싯대

시뮬레이터의 낚싯대를 잡고 컴퓨터 화면을 통해 낚시질을 하다 화면 속 물고기가 미끼를 물면 손에서 물고기가 낚싯대를 끌어당기는 듯한 느낌을 받는다.

햅틱 수술 로봇

의사가 햅틱 수술 로봇을 원격으로 제어하는 장치를 손으로 조작하며 수술하는 동안 실제 환자를 수술할 때와 같은 촉감을 느낀다. 건드리면 안 되는 부분에 닿으려 할 때 뭔가에 걸리거나 딱딱한 곳에 부딪힌 느낌을 줄 수 있다.

햅틱 예술품 감상기
미술관이나 박물관에 진열된 귀중한 조각품이나 유물 사진이 모니터에 나타나고, 이를 손으로 건드리면 실제 만진 것과 같은 느낌이 전달된다.

햅틱 조종 장치
전쟁같이 극한 상황에서 전투기나 차량이 크게 흔들리거나 파손될 때 조종하는 사람이 어떤 상태가 되는지 실제처럼 체험해볼 수 있다.

햅틱 블록
컴퓨터 화면 속 블록을 마우스로 선택하고 누르면 손끝에 무게감이 전해진다. 마우스를 끌어 화면 속 블록을 이동시킨 뒤 다시 누르면 다른 블록에 끼워 맞추는 것 같은 착각이 든다.

뽀로로와 토마스의 공통점

형님네 아이와 우리 아이는 동갑내기입니다. 생일도 가까워서, 보름 정도밖에 차이가 나지 않아요. 네 돌 넘은 지금은 만나면 서로 반가워하고 같이 노느라 정신없지만 더 어릴 때에는 만날 때마다 장난감 갖고 싸우기 일쑤였어요. 아이들이 두 돌쯤 되었을 때도 크게 다툰 적이 있는데, 가방 때문이었습니다.

형님네 아이가 가져온 가방을 우리 아이가 한 번 메보더니 도무지 돌려줄 생각을 안 하는 거예요. 그리 특별한 가방으로 보이지도 않았는데 그게 뭐가 그리 좋을까 싶어 당황스러웠습니다. 그런데 가만 보니 그 가방이 보통 가방이 아니었더군요. 앞면에, 글쎄 뽀로로가 그려져 있었으니까요.

요즘 뽀로로 모르는 엄마 있을까요? 아이 엄마가 아니어도 많이들 알고 있는 캐릭터지요. 지금은 아이가 꽤 자라서 자동차에, 로봇에 온갖 장난감이 있지만, 두 돌 무렵만 해도 우리 집 장난감은 둘 중 하나가 뽀로로였습니다. 심지어 사탕까지 뽀로로 모양을 찾았어요. 텔레비전 어린이 채널에서 만화영화 〈뽀롱뽀롱 뽀로로〉가 나오면 이 녀석은 가만히 앉아 눈도 깜빡이지 않고 봅니다. 사실 저도 어렸을 때는 만화 〈아기공룡 둘리〉에 목숨을 걸곤 했으니 이해 못하는 건 아니지요. 슬그머니 웃음도 나고요.

뽀로로는 펭귄을 의인화한 캐릭터지요. 다섯 살짜리 아이만 한 지각능력을 지닌 것으로 설정했다고 해요. 동물과 어린아이는 어른의 눈으로 보면 공통점이 많습니다. 인지능력이 아직 덜 발달했고, 이성적인 판단보다는 본능이나 정서에 따라 움직이고, 이해타산 없이 행동하는 순수한 존재니까요. 전문가들은 아이들이 특히 동물 캐릭터를 좋아하는 이유를 바로 이 같은 동질감에서 찾기도 합니다.

하지만 이른바 히트 캐릭터의 요건이 꼭 동물이어야 하는 건 아닌가 봅니다. 두 돌 무렵 우리 아이에게 뽀로로가 최고였다면 형님네 아이는 토마스에 푹 빠졌거든요. 토마스는 동물이 아니라 기차 캐릭터입니다. 팔다리가 없고 바퀴랑 눈, 코, 입만 움직이는 기차 말이에요.

아이들이 좋아하는 뽀로로와 토마스와 둘리는 공통점이 있습니다. 바로 이야기가 있다는 사실이지요. 이야기 속에서 주인공 캐릭터들이 일관된 성격을 보인다는 점도 같아요. 만화영화 속 뽀로로는 한마디로 사고뭉치에 말썽꾸러기에요. 친구들과 신나게 몰려다니며 장난치고 사고 치고 자기들

끼리 알아서 수습하는 게 만화 줄거리니까요.

토마스는 참 착해요. 어려운 일이 생기면 잠시 의기소침해졌다가도 이내 밝고 씩씩하게 헤쳐나갑니다. 친구들을 잘 도와주기도 하고요. 둘리는 뽀로로와 비슷하지요. 실수투성이에 툭하면 쌈박질에 걸핏하면 넘어지고 깨집니다. 항상 툴툴거리지만 마음만은 여린 아기 공룡이지요.

어른들은 아이들이 캐릭터의 생김새, 그러니까 디자인을 보고 좋아한다고 생각하기 쉬워요. 히트 캐릭터의 요건을 디자인이라고 여기는 어른들이 많다는 거지요. 하지만 고려대학교 심리학과 성영신 교수 연구팀은 디자인이 얼마나 매력적인지는 그다지 중요하지 않다고 설명했습니다. 캐릭터를 연구하는 성 교수 연구팀은 이야기 속에서 성격이 얼마나 일관되게 묘사되는지, 그 성격이 얼마나 소비자의 호감을 이끌어내는지가 캐릭터 성공의 가장 큰 요소라고 합니다. 미키마우스나 뽀빠이처럼 아이들은 물론 어른들까지 좋아한 유명 캐릭터들을 떠올려봐도 공감이 가는 설명이죠.

실제로 이 연구팀은 여대생들에게 이야기 속에서 성격이 일관된 캐릭터와 이야기 없이 디자인만 있는 캐릭터를 보여주면서 뇌 영상을 찍어보았습니다. 그 결과 성격이 있는 캐릭터를 볼 때는 뇌가 친척이나 친구를 떠올릴 때처럼 반응했다고 해요. 이야기가 없는 캐릭터를 볼 때는 사물을 떠올릴 때처럼 반응했고요.

아이는 엄마의 설득으로 뽀로로 가방을 형님네 아이에게 돌려주고는 결국 울음을 터뜨리고 말았지요. 이 안타까운 사연을 들은 아이 이모가 아이를 유아용품 가게에 데려갔습니다. "이모가 사 줄게. 예쁜 가방을 골라 봐"라고 했더니, 아니나 다를까 아이는 뽀로로가 없는 가방은 숫제 쳐다보지도 않더라고요.

아이들은 뽀로로를 단순한 캐릭터가 아니라 진짜 친구로 여기는 건지도 모르겠습니다. 하도 뽀로로 뽀로로 하니 그 사고뭉치 친구를 너무 닮으면 골치 아플 텐데 하는 걱정도 한동안 들긴 했어요. 하지만 엄마들, 걱정 마세요. 조금 더 자라면 좋아하는 캐릭터 친구들이 금방 바뀐답니다.

우리 아이의 여자 친구

한동안 아이에게 여자 친구가 생긴 것 같았어요. 같은 어린이집에 다니는 친구지요. 언젠가부터 어린이집에 갔다 오면 재잘재잘 그 친구 이야기가 부쩍 늘었거든요. "엄마, 오늘은 무슨 놀이 같이 했는지 얘기해줄까?", "다른 친구들보다 더, 더, 더, 더 많이 좋아", "나중에 열 살, 이십 살만큼 크면 결혼할 거야" 그랬습니다.

퇴근하고 저녁에 집에서 아이와 마주 앉아 이런 이야길 듣고 있으면 나도 모르게 자꾸 웃음이 나왔지요. 한 번은 어린이집에서 단짝으로 지내는 남자 친구 이름을 대며 "그 친구랑은 결혼 안 해? 혹시 서운해하지 않을까?"라고 물었더니 "엄마는 무슨……. 내가 남잔데. 남자랑은 결혼 안 하고 놀기만 할 거야" 하더군요. 옆에서 함께 흥미진진하게 듣고 계시던 시아버지와 시어머니도 빵 터지셨지요.

조그만 녀석이 벌써부터 여자 친구네 하고 웃어 넘겼는데, 생각보다 오래갔어요. 이 녀석이 그 친구를 진짜 좋아하나보다 싶다가도, 아직 말도 제대로 못하는 40여 개월짜리가 이성을 좋아하는 감정이 발달하긴 했을까 긴가민가했어요.

생물학의 관점으로 보면 사랑은 뇌에서 일어나는 화학작용입니다. 과학자들은 뇌에서 어떤 화학물질이 나오느냐에 따라 사랑이 다르게 진행된다고 말하지요. 특히 미국 러트거스대학교의 저명한 인류학자 헬렌 피셔 교수는 인체가 내는 화학물질의 영향에 따라 이성 간의 사랑이 3단계를 거친다고 설명했어요.

처음은 서로 호감을 느끼는 갈망 단계예요. 이때 주로 나오는 화학물질은 남성호르몬과 여성호르몬입니다. 서로 상대방을 이성으로 바라보며 성적인 욕구를 느끼기 시작하는 단계지요.

피셔 교수가 설명한 사랑의 둘째 단계는 홀림입니다. 밤이고 낮이고 온통 상대방 생각뿐이니까요. 이때는 페닐에틸아민, 엔도르핀, 세로토닌, 도파민 같은 화학물질이 주로 나옵니다. 상대방을 볼수록 평온함과 만족감, 자신감이 생기면서 마치 상대방에게 홀린 듯한 느낌도 들지요.

하지만 이런 상태가 계속되지는 않지요. 둘째 단계 이후에는 애착 단계로 넘어가기 마련이거든요. 오래된 연인이나 부부처럼 관계가 끈끈해지는 단계예요. 이는 옥시토신이나 바소프레신 같은 화학물질 덕분이라고 합

니다.

    우리 몸에서 이런 화학물질이 나오는 주요 부위가 바로 뇌 한가운데에 있는 변연계예요. 감정이나 정서, 본능을 담당하는 영역이지요. 뇌에서 가장 먼저 발달하는 영역 중 하나라고도 합니다. 아이가 엄마 배에서 밖으로 나올 때부터 바로 발달하기 시작해요. 그러니까 결국 네 살짜리 아이도 누군가를 좋아하고 사랑하는 감정을 느낄 수 있다는 이야기겠죠. 물론 그 과정이 어른들처럼 3단계로 진행되지는 않을 테지만 말이에요.

    전문가들은 만 3세 정도부터는 특히 사랑이라는 감정이 본능처럼 나타난다고 분석합니다. 자기 생각을 스스로 말하고 표현할 줄 알게 되면서 함께 있고 싶어 하고 상대방을 만지고 싶어 한다는 겁니다. 보통은 이성 부모에게 이 같은 표현을 가장 먼저 하게 된다고 해요. 그러고 보니 우리 아이는 아빠보다 유독 엄마한테 안아달라, 뽀뽀하자 하지요. 할아버지보다 할머니에게도 마찬가지고요. 아이의 그런 행동이 다 이유가 있구나 싶어집니다.

    사실 엄마와 아이의 사랑은 사랑의 3단계 중 마지막 단계에 가깝습니다. 모성애를 만드는 화학물질은 옥시토신으로 알려져 있어요. 아이가 자라서 언젠가 좋은 사람과 1단계와 2단계 사랑을 처음으로 경험하는 모습을 지켜보는 엄마 마음은 어떨까요? 문득 궁금해집니다. 한 20년쯤 남았네요.

호랑이와 치과

첫돌이 갓 지났을 때 우리 아이가 가장 좋아하는 인형은 아이 이모가 사 준 호랑이 인형이었어요. 삐쩍 마르고 흐물흐물한 게 도통 호랑이 같지 않지만 아이는 "호양아, 호양아, 잘 잤니?" 하며 아침에 안부까지 챙겼으니까요.

가만 생각해보니 그때만 해도 아이에게 호랑이는 아직 무서운 존재가 아니었던 것 같아요. 떼를 쓸 때 엄마나 아빠가 "너, 자꾸 그러면 진짜 호랑이 온다"라고 엄포를 놓아도 아이는 오든지 말든지였으니까요. 어른들이 호랑이한테 느끼는 공포가 후천적으로 만들어진 감정이라는 추측이 가능해지지요.

아이는 귀엽게 생긴 인형이나 텔레비전에 나오는 실물 영상이나 다 "호양이"라며 좋아했어요. 결국 호랑이의 외모가 사람에게 공포를 일으키

호랑이와 치과

는 것 같진 않지요. 좀 더 원천적인 공포 유발 요소가 있다는 이야깁니다.

동물의 세계에선 냄새가 주요한 공포 유발 요소입니다. 피식자의 코에는 포식자의 냄새에 특히 민감하게 반응하는 부위가 있어요. 예를 들어 호랑이에게 잡아먹힐 위기에 처한 토끼는 진한 호랑이 냄새를 맡으면 극도로 공포에 휩싸여 제대로 도망도 못 간대요. 호랑이 냄새 정보를 전달받은 뇌 신경세포가 공포를 일으키는 뇌 부위를 자극하기 때문입니다. 하지만 사람 코에는 포식 동물의 냄새에 민감하게 작동하는 부위가 없어요.

미국의 한 동물 음향학자는 호랑이의 "어흥" 하는 울음소리가 사람을 비롯한 동물들에게 공통적으로 공포를 일으키는 원천적인 요소라는 연구 결과를 내놓기도 했어요. 실제 호랑이 20여 마리가 내는 소리를 녹음해 분석해보니 18헤르츠Hz 이하인 초저주파가 들어 있다는 사실을 알아냈습니다.

대체로 사람이 들을 수 있는 주파수는 20헤르츠 이상이에요. 연구자들은 호랑이의 초저주파 울음소리가 사람의 귀에 직접 들리진 않지만 근육을 진동시켜 긴장하게 만들 수 있다고 해요. 일반적으로 주파수가 낮은 소리일수록 멀리까지 퍼지지요. 호랑이의 포효 소리를 멀리서 듣기만 해도 오금이 저리고 온몸이 얼어붙는 것처럼 느껴지는 이유가 바로 이 때문입니다.

자정이 다 됐어도 아이가 잘 생각을 안 하면 옆에 눕히고 "지금 코야 하지 않으면 호랑이 온다"며 낮고 굵은 목소리로 "어흥" 하고 엄포를 놓곤 했지요. 아이가 어릴 땐 효과가 좀 있었어요. 종알거리다가도 갑자기 눈을 꼭 감고 엄마 품에 파고들었으니까요. 그런데 한 네 살 이후부터는 이 방법이 별로 안 통하네요. 아, 처음 듣는 굵고 낮은 소리엔 지금도 엄마 품을 찾긴 하지만요.

40개월쯤 되었을 때였지요. 아이에게 호랑이 소리 말고 새로운 공포의 대상이 생겼습니다. 아마 그게 최대 시련이었을 거예요. 태어나서 처음으로 치과 치료를 받았거든요. 충치 세 개를 없애기까지 참 험난도 했지요.

첫 번째 시도. 치과가 어떤 곳인지 설명해주고 엄마가 옆에 있을 테니 씩씩하게 치료받자 약속했어요. 하지만 막상 진료실에 들어가자 아이는 달라졌지요. 눕기는커녕 숫제 저한테 딱 붙어 떨어지지를 않았어요. 의사가 말만 걸려 해도 눈물이 금방 그렁그렁해졌습니다. 결국 치료를 포기할 수밖에 없었지요. 그때 깨달았습니다. 치과가 아이에게 새로운 공포의 대상이 되었다는 사실을 말이에요.

아이는 치과 치료가 뭘 어떻게 하는 건지 몰랐는데도 무서워했어요. 이상하게 생긴 침대와 기계들, 썩 듣기 좋지 않은 소리에 무의식적으로 두려움을 느꼈던 것 같아요. 사람 몸 곳곳에 있는 신경세포는 시각과 청각을 비롯한 여러 가지 자극을 뇌 속 시상핵으로 전달하는 역할을 합니다. 시상핵에 들어온 일반적인 자극 정보는 뇌의 겉 부분을 둘러싸고 있는 대뇌피질로 가지만, 강하거나 낯선 자극 같은 특수한 정보는 편도체로 들어가요. 신경과학자들은 시상핵에서 편도체로 가는 경로가 바로 무의식적인 공포를

일으킨다고 보고 있어요. 편도체의 주요 기능은 감정 조절이지요.

　다시 치과를 찾았습니다. 이번엔 치료를 잘 받으면 장난감을 사 주기로 했지요. 가까스로 눕히는 데까지는 성공했어요. 하지만 이상한 소리가 나기 시작하자 아이는 얼굴을 에워싼 기계들 사이에서 빠져나오려고 몸부림을 쳤습니다. 다칠 것 같아 또 치료를 포기하고 말았지요. "여기 안 올 거야." 아이는 서럽게 울며 나가자고 제 손을 잡아끌었어요.

　아이 머릿속에 이제 '치과는 엄청 무서운 곳'이라고 입력됐겠구나 싶었습니다. 편도체는 공포를 학습시키기도 하지요. 한두 번 무섭다는 경험을 하면 다음부터는 비슷한 걸 보거나 듣기만 해도 뇌가 공포를 느끼게 된다는 이야기예요.

　세 번째 시도. 이번에는 소아치과엘 데려갔어요. 더 늦추면 충치가 심해질 수 있을 것 같아 마음을 굳게 먹었지요. 살살 달래도 울음을 그치지 않자 의사가 태도를 바꿨어요. 안 그치면 커다란 주사를 가져오겠다고 겁을 줬습니다. 아이를 침대에 붙들어 매곤 얌전히 있어야 풀어줄 거라며 으름장을 놓았어요.

　좀 오래 걸렸지만 아이는 어느 정도 진정되었고 가까스로 치료를 마쳤어요. 의사는 "더 무섭게 해야 아이가 치료에 대한 두려움을 잊을 수 있다"라며 잘 달래주라 하더군요. 심리학적으로 일리 있는 말입니다. 긴장이나 무서움을 해소하기 위해서는 더 큰 긴장이나 무서움을 부러 조성하는 것도 한 방법이니까요.

그 뒤로 몇 번 더 충치 치료도 하고 이가 괜찮은가 검사도 할 겸 소아치과를 갔어요. 한 번은 이른바 '웃음가스'라고 불리는 걸 마시면서 치료 받기도 했어요. 그러다 드디어 울지도 않고 야단도 안 맞고 웃음가스도 안 마시고 씩씩하게 누워서 치료를 받고는 벌떡 일어났지요. 간호사가 "우와, 너 진짜 씩씩하다"라고 칭찬하면서 작은 장난감 자동차까지 선물로 주니 아이는 스스로도 으쓱했는지 며칠 동안 "엄마, 나 치과 가서 하나도 안 울었지? 쪼끔 무서웠는데 참았어요" 하고 몇 번씩 이야기하더군요. 엉덩이 톡톡 두드리며 "그러엄, 이제 진짜루 아가 아니고 형아 된 것 같은데?" 해주면 발걸음도 덩달아 더 씩씩해졌답니다.

편도체가 호랑이 울음소리를 듣고 나서든 치과 치료를 받고 나서든 그 과정에서 공포를 학습했어도 무서움을 느끼는 정도는 시간이 지나면서 점점 약해지지요. 아이가 나중에 아무렇지도 않게 치과 치료를 받으러 갈 만큼 자라면 이야기해줄까 합니다. 첫 충치 치료를 끝내고 와락 엄마 품에 안겼을 때 엄마도 눈물 날 뻔 했다고 말이에요.

치과포비아 해결법

치과포비아(치과공포증, 덴탈포비아)라는 말이 있을 정도로 치과를 지나치게 무서워하는 사람이 있다. 아이뿐 아니라 어른 중에도 적지 않다. 특히 어릴 때 치과 치료에 대한 두려움이 생기고 부정적인 기억을 갖게 되면 자라서도 치과에 가길 꺼리게 될 수가 있다.

실제로 호주 시드니대학교의 연구 결과를 보면 치과포비아가 있는 사람은 치과에 가야겠다고 생각한 뒤 진료 예약을 하기까지 평균 17일이 걸렸다. 치과포비아가 없는 사람이 3일 걸린 데 견주면 5.7배나 늦은 것이다. 결국 소아기의 치과포비아는 치과를 멀리하게 해 충치나 치주 질환을 심각하게 만들 수 있다. 전문가들이 제안하는 치과포비아 해결법을 소개한다.

마인드컨트롤

치과가 무섭긴 하지만 내게는 무서움을 견딜 수 있는 힘이 있다고 생각하며 자신의 능력을 믿는다. 또 치료가 잘될 것이고 치료가 끝나면 개운할 거라고 결과를 긍정적으로 생각하는 것도 좋다. 치과를 무서워하는 아이도 스스로 이렇게 생각할 수 있도록 지도해주면 도움이 된다.

라벤더 향 맡기

영국 런던 킹스대학교 연구팀은 치과 환자 340명을 두 그룹으로 나누고 한 그룹은 그냥, 다른 한 그룹은 라벤더 향을 맡은 뒤 치료를 받게 했다. 그 결과 평균 두려움 수치가 향을 맡지 않은 그룹(10.7)에 비해 향을 맡은 그룹(7.4)이 크게 낮았다.

라벤더 오일은 스트레스나 현기증, 두통 등을 줄여주고 마음을 진정하는 효과를 낸다고 알려져 있다.

웃음가스
의학적으로 말하면 '의식하 진정요법'이다. 마시면 기분을 좋게 해주는 아산화질소 가스를 들이마시는 방법이다. 의식은 그대로 깨어 있는 상태다. 약간 달콤한 냄새에 색깔이 없는 기체인 아산화질소는 신경계에 영향을 줘 살짝 졸리게 하면서 안정 상태를 유도한 뒤 바로 폐를 통해 몸 밖으로 나간다. 임상에서 사용된 지 150년이 넘었으며, 심각한 후유증이 없다고 알려져 있다.

먹는 진정제
환자의 상태에 따라 의사가 안전성이 입증된 먹는 진정제를 처방하기도 한다. 치료받기 한두 시간 전에 먹고 약효가 돌면 환자는 선잠을 자는 것 같은 가수면 상태가 된다. 진정제를 복용하면 치료 도중 구토를 할 가능성이 있어 진료 전 6시간 이상 금식하는 게 좋다.

자료: 목동중앙치과병원

이모가 좋아요

친정에 가면 조카를 세상에서 제일 예쁘다 하는 아이 이모가 둘이나 있습니다. 거리가 가깝진 않은 데다 주말 근무에, 이런저런 일들 때문에 친정에 가려면 늘 날을 잡아야 하지요. 오랜만에 가면 아이는 처음에 좀 수줍어하다 이내 이모 옆에 찰싹 달라붙어요. 수줍어했던 게 언제였는지 싶게 금방 좋다고 깔깔대지요.

돌이켜 보면 아이는 이모들을 처음 만날 때부터 유독 살갑게 대했던 걸로 기억합니다. 다섯 살 된 지금은 많이 나아지긴 했지만 더 어릴 때는 낯을 많이 가리는 편이어서 이웃 사는 아주머니나 할머니가 말 좀 붙일라치면 "아냐", "시여(싫어)" 하고 도리질을 했는데 참 희한한 일이지요. 이모보다 이웃 아주머니를 더 자주 보는데도 말이에요. 집안 어른들은 "그래서 달리 핏줄이겠느냐"라고들 하십니다.

진화심리학에서 핏줄은 특히 관심을 끄는 소재예요. 다른 사람과 자신을 이어주는 연결 고리로 작용하기 때문이지요. 이 연결 고리가 확실할수록 사람들은 기꺼이 자신을 희생하거나 이타적인 행동을 하도록 진화했다는 게 진화심리학의 설명입니다. 흥미로운 사실은 여러 친척마다 이 연결 고리의 확실한 정도가 다르다는 점에 있지요. 바로 그 차이가 친척에게 느끼는 친밀감을 각기 다르게 만든다는 연구도 최근 나왔어요.

미국 텍사스대학교의 저명한 진화심리학자 데이비드 버스 교수 연구팀은 적어도 한 명 이상을 사촌으로 둔 미국 대학생들을 대상으로 삼촌(백부나 숙부)의 자식인 친사촌과 고모의 자식인 고종사촌, 외삼촌의 자식인 외사촌, 이모의 자식인 이종사촌에게 얼마나 이타적인 행동을 할 의향이 있는지를 조사했습니다. 사촌을 돕기 위해 얼마나 위험을 감수하겠는지, 얼마나 자주 연락하는지, 얼마나 마음을 쓰는지 등을 물어보고 그 값을 1에서 7로 대답하게 한 거예요.

그 결과 이종사촌을 도울 의향이 가장 컸고 그다음으로 외사촌과 고종사촌이 비슷하게 나왔습니다. 친사촌을 돕겠다는 응답은 가장 적었고요. 연구팀은 응답자와 사촌의 나이 차이나 사는 거리 등이 결과에 영향을 끼치지 않도록 통계적으로 처리한 다음 답변을 분석해 이 같은 결과를 얻었다고 합니다.

연구팀은 이를 무의식적으로 '부성父性 불확실성'에 영향을 받은 결과

라고 해석했어요. 자기 몸으로 직접 자식을 낳는 여성과 달리 남성은 아내가 낳은 아이가 자기 자식이 아닐지도 모른다는 의심을 품을 수 있지요. 이를 진화심리학에서는 부성 불확실성이라고 불러요. 서양의 '엄마의 아기, 아빠의 아마Mother's baby, father's maybe' 라는 말도 바로 이 의미지요.

결국 진화심리학적으로는 자기 핏줄일 가능성이 확실한 모계 쪽 친척에 더 마음이 갈 수밖에 없다는 설명입니다. 우리 아이가 이모에게 보인 남다른 친근함도 이와 비슷한 맥락으로 볼 수 있을지 모르겠어요.

이 연구에 참여한 한국인 과학자가 최근에 같은 조사를 한국 대학생들을 대상으로 진행해 그 결과를 분석하고 있습니다. 현재까지는 이종사촌을 도울 의향이 가장 높은 건 마찬가지로 나왔는데, 친사촌을 도울 생각이 미국인에 견줘 상대적으로 많이 나타난 게 큰 차이라고 해요.

한국인이 미국인보다 친사촌에게 좀 더 마음을 쓰게 된 까닭은 무엇일까요? 동양 문화권의 특성상 관혼상제 같은 집안 행사에서 친가 쪽 친척을 만날 기회가 더 잦기 때문이 아닌가 추측하고 있습니다.

분석이 여기까지 미치니 일이 바쁘다, 몸이 피곤하다, 아이가 감기에 걸렸다는 등 이런저런 핑계로 석 달이 지나도록 친정에 들리지 않은 게 살짝 후회가 되네요. 진화심리학적인 부성 불확실성에 의존만 하지 말고, 직접 만나서 이야기할 수 있는 자리를 자주 만들어야 아이가 이모들과 계속 더 가깝게 지낼 수 있을 테니까요.

뭐가 그렇게 싫을까

한창 아이의 입이 트이던 30개월 전후 한동안 아이가 입에 붙기라도 한 듯 수시로 하던 말이 있습니다. 바로 "시여"예요. 툭 하면 싫다고 토라졌지요. 뭘 물어보면 "시여" 하면서 혼자 낄낄거리기도 했으니 돌아보면 그 말이 무작정 진짜 싫다는 뜻만은 아니었던 것도 같습니다.

아이가 그렇게 싫다며 고집부릴 때는 표정도 참 다양했어요. 일단 입을 앙다물고 입술을 쭉 내밀며 눈을 올려서 엄마를 똑바로 쳐다보지요. 그래도 엄마가 자기가 바라는 대로 해주지 않을 성싶으면 어금니를 살짝 물고 씩씩거리며 아예 노려보기 시작하는 거예요. 한참 어르고 타일러도 말을 듣지 않으면 아이와 마주 앉아 똑바로 바라보며 기다렸어요. 본격적인 기 싸움에 들어간 거지요. 머릿속으로는 '참을 인' 자를 수십 개 그려가면서 말

이에요.

그러면 기분이 상한 아이가 어른처럼 미간까지 찌푸리지 뭐예요? 콧잔등에도 조그맣게 잔주름이 내려앉고요. 그 잔주름이 하도 귀여워서 살짝 마음이 흔들리는 걸 다잡고 있다보면 어느새 아이 눈에 그렁그렁 눈물이 맺힙니다.

여유가 있거나 컨디션이 괜찮을 때야 자리 잡고 앉아 아이와 이렇게 실랑이를 벌이지만 바쁘거나 너무 피곤할 때는 아이의 "시여" 소리가 참 얄밉기도 귀찮기도 했던 게 솔직한 심정이에요. 나도 모르게 "싫긴 뭐가 맨날 그렇게 싫은데. 엄마 말 들어"라고 버럭 소리 지르고는 돌아서서 금세 미안해지곤 했습니다. "시여" 소리가 유난히 잦은 날에는 애가 이러다 혹시 비뚤어지는 건 아닐까 걱정도 됐고요.

아이가 싫다고 하는 말은 자기 주관의 첫 표현이라고 합니다. '싫어'나 '안 돼', '안 해' 이렇게 의사를 표현하기 시작하면서 점차 자기 정체성이 길러진다는 거예요. 한 아동 심리 전문가는 영아의 자아 개념은 두 살이 되면서 나타나기 시작해 서너 살 때 가장 커진다고 했습니다. 그 시기에 싫다는 표현을 자주 하는 건 자신을 좀 더 능동적으로 드러내려는 정상적인 발달 과정이라면서요.

그러니까 부모가 아이의 싫다는 표현을 막기만 하면 자기주장을 제대로 펴지 못하는 아이로 자랄 수도 있습니다. 아이가 싫다고 하면 그 의사 표

현을 어느 정도 인정해주어야 하는 이유가 바로 이 때문이지요.

다만 싫다고 버티는 행동이 지나쳐 습관이 되면 자칫 반항적이거나 고집 센 성격이 될 수 있습니다. 싫다는 말에 부모가 너무 민감하게 반응하면 점점 아이 성격도 그렇게 민감하게 자랄 수 있고요. 결국 부모가 가능한 것과 불가능한 것, 싫으면 안 해도 되는 것과 싫어도 해야 하는 것을 일관성 있고 분명하게 변별해주어야 한다는 게 전문가들의 조언입니다. 아이가 싫다고 하면 가끔은 통 크게 말을 들어주기도 하면서 말이지요.

많은 부모들이 아이가 싫다며 고집 피울 때 처음에는 말 안 듣는다고 야단치다 나중에는 아이 말을 들어주곤 하지요. 이런 건 좋지 않습니다. 부모의 이런 습관을 알게 된 아이는 떼를 쓰고 고집을 피우면 결국 자기 뜻대로 할 수 있다 생각하게 될 테니까요.

최근 국내에 번역돼 나온 한 심리학책은 세상에 자신의 생각이나 느낌을 표현할 수단이 늘었지만 오히려 사람들은 마음을 더 조종당하고 있다고 진단했습니다. 인터넷이나 소셜네트워크서비스SNS를 통해 무차별적으로 전해지는 다른 사람들의 생각에 마치 바이러스처럼 쉽게 감염된다는 이야기예요. 어떤 것이 타인의 주장인지, 진짜 내 의견은 무엇인지 헷갈릴 정도로 말이지요. 이런 '마인드 바이러스'에 감염되지 않으려면 마음 또한 면역력을 길러야겠구나 싶네요.

엄마식대로 만든 이유식을 받아만 먹고, 엄마식대로 고른 옷을 받아만 입던 아이가 언젠가부터 이 반찬은 싫고 이 옷은 안 입겠다고 이야기합니다. 초보 엄마라면 당황스러울 수도 있지요. 하지만 아이가 마인드 바이러스 면역력을 기르는 과정이라고 생각해보면 어떨까요? 논리적으로 생각하고 자신의 의견을 조리 있게 말하고 주장을 소신 있고 책임감 있게 이어갈 수 있도록 만들어주는 마인드 바이러스 면역력은 어쩌면 싫다는 아이에게 "왜"라고 물어보는 데서 길러질지도 모르겠습니다.

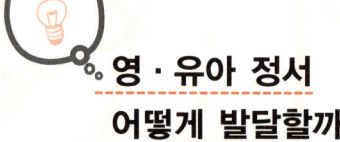

영·유아 정서 어떻게 발달할까

공포
- **만 2세** 혼자 남거나 놀라운 소리, 어두운 곳 등을 무서워하기 시작하며 공포의 대상이 넓어진다.
- **만 3세** 개나 고양이 같은 동물을 겁내게 되는 등 시각적인 공포가 시작된다.

애정
- **만 18개월~2세** 부모 말고 장난감이나 이불 등 자신이 늘 갖고 있는 대상에 대해 애착을 형성한다.
- **만 3세** 또래 간 애정 행동이 나타나기 시작한다.

기쁨(웃음)
- **만 2세** 깡충깡충 뛰거나 소리를 지르는 등 적극적이고 다양한 형태로 기쁨을 표현한다.
- **만 3세** 언어가 발달하면서 기쁨을 말로 표현하게 된다.

분노
- **만 2세** 자신의 욕구가 제대로 채워지지 않으면 떼를 쓰는 형태로 분노를 표현한다.
- **만 3세** 격렬한 분노를 자주 표출한다.

질투

만 18개월　질투의 감정이 시작되는 시기다. 예를 들어 엄마가 다른 아이를 안고 있으면 달려와 자기를 안아달라고 한다.

만 3~4세　질투가 가장 심한 나이다.

울음

만 12개월　이전까진 기본적인 욕구가 채워지지 않을 때 울지만, 12개월 이후에는 공포나 불안을 느끼거나 부모의 관심을 끌기 위해 운다.

만 3세　우는 일이 점점 줄어든다.

자료 : 한국아동발달심리센터

아빠의 승리

남편의 생일 이틀 전이었어요. 네 살 짜리 우리 아이가 고민에 빠졌습니다. 곰돌이 저금통에서 돈을 꺼낼 수가 없다고 말이에요. 이리저리 돌려보더니 어떻게 여는 거냐며 울상이었어요. 곰돌이 저금통은 나중에 커서 학교 갈 때 책가방 산다며 아이가 정성스럽게 동전을 모으고 있는 저금통이에요.

책가방 안 살 것이냐, 돈을 왜 지금 꺼내려고 하느냐 하고 물었더니 아빠 생일 선물을 사야 한다는 거예요. 아빠를 생각해주는 마음이 예뻐서 그냥 엄마가 돈 줄 테니까 그걸로 사자고 해도 아이는 막무가내였어요. 꼭 자기가 모은 돈으로 사야 한다고요.

울먹이는 아이를 보다 못해 시어머니께서 칼을 가져오셨습니다. 결국은 할머니와 함께 칼로 저금통을 조금 뜯었지요. 아이는 쏟아진 동전을 서너 주먹쯤 쥐더니 조그만 가방에 정성스레 담더군요. 그걸로 아빠 생일 선물을 살 생각이었던 거지요. 동전이 남아 있는 저금통은 다시 테이프로 꼼꼼하게 붙였어요. 그러고 나서야 아이 얼굴이 활짝 폈습니다.

"내가, 자동차가 많이 있는데, 그래도 또 자동차 사달라고 할 때 아빠는 꼭 사 줘요. 그러니까, 그래서 아빠 생일에는 내가 선물을 꼭 사 줘야 해요." 고사리손으로 동전이 든 가방을 행여 떨어뜨릴새라 야무지게 쥐고 서서는 돈이 필요한 이유를 종알종알 설명하는 아이의 모습을 보며 시어머니와 시아버지께선 "어이구, 이쁜 내 새끼" 하며 어쩔 줄 몰라 하셨습니다.

아이 말을 종합해보면 아빠 생일 선물을 사려는 아이의 마음은 장난감을 원하는 만큼 사 주는 아빠에 대한 배려고 보답이지요. 또 엄마가 주는 돈 말고 굳이 자기 돈을 쓰겠다고 고집한 건 아빠가 매번 아빠 돈으로 장난감을 사 주었으니 자기도 그래야 공평하다고 생각한 걸 겁니다. 50개월도 안 된 아이도 상대방을 배려할 줄 알고, 무엇이 공정한 건지 스스로 판단할 수 있다는 이야기지요.

최근 미국 워싱턴대학교 과학자들이 상대방을 위하는 이타심이나 배려심, 공정성 같은 개념이 첫돌 직후부터 생긴다는 연구 결과를 발표했어요. 연구팀은 15개월 안팎인 아이 47명에게 어른들이 음식을 공평하게 또는 불공평하게 나누는 장면을 비디오로 보여주며 어떤 반응을 보이는지 살펴보았어요. 그런 다음 아이들에게 장난감을 주고 잠시 후 돌아와 연구팀에게

그 장난감을 도로 돌려줄 수 있는지 의사를 물었습니다.

연구팀이 비디오 시청과 장난감 분배 결과를 비교해보니, 받은 장난감을 다시 건네준 아이들의 약 92퍼센트는 비디오에서 음식이 불공평하게 배분되는 장면을 보며 놀란 아이들이었습니다. 또 장난감을 돌려주지 않은 아이들의 약 86퍼센트는 별다른 반응을 보이지 않은 아이들이었고요.

공정성을 강하게 인식하는 아이일수록 남을 배려하는 성향을 보인 것으로 연구팀은 분석했습니다. 사람의 발달 과정에서 공정성과 이타심이 서로 밀접하게 연관되어 생기는 게 아닐까 추측해볼 수 있을 것 같네요.

어떤 과학자들은 사람의 뇌에는 태어날 때부터 공정성이라는 개념이 내장되어 있을 거라고 설명하기도 합니다. 말도 제대로 못하는 아기들이 불공평한 음식 배분 장면을 집중해서 보거나 놀라는 까닭이 바로 이 때문이라는 거예요. 하지만 아이가 나이 들면서 공정성이나 배려심, 이타심에 대한 생각이 점점 변한다지요. 공평하지 않아도, 남을 생각해주지 않아도 문제가 생기기는커녕 오히려 이득을 얻는 우리 사회의 어른들을 보면서 아이들의 뇌가 적응해간다는 것입니다.

드디어 아이가 기다리던 아빠의 생일날. 케이크에 촛불을 꽂고 생일 축하 노래를 부르며 선물 증정을 했지요. 아이가 아빠에게 준 생일 선물은 집 앞 속옷 가게에서 직접 고른 속옷이었어요. 물론 정성스레 준비한 선물 값도 아이가 냈지요. 사실 아이 돈만으로는 사기에 한참 모자라서 가게 직원에게 눈짓으로 신호를 보내고 제가 몰래 보태긴 했지만요.

 아이에게 첫 선물을 받은 아빠도 입이 귀에 걸렸습니다. 아이 아빠가 엄마 생일에도 아빠처럼 선물을 사 줄 거냐고 물었어요. 아이가 잠시 머뭇거리더니 "엄마는 자동차 많이 있다고 장난감을 잘 안 사 주잖아요" 하는 거 있죠. 남편이 옆에서 "역시 우리 아들은 공평해"라며 승리의 미소를 지었습니다.

원시인과 통하는 아이

우리 아이는 차를 타면 종종 분위기를 잡아요. "아빠, 1번 노래!" 하면 운전하는 남편이 시디CD를 틀지요. 아이가 말하는 1번 노래는 시디에서 첫 번째로 나오는 음악이에요. 신청곡이 나오면 아이는 엄마 무릎이나 유아용 카시트에 앉아 창밖을 바라봅니다. 그 모습이 하도 귀여워 제가 간지럼이라도 태우면 분위기 깨지 말라는 듯 아이는 손사래를 쳐요.

남편 차에 있는 시디에는 대부분 대중가요가 담겨 있습니다. 너덧 살 짜리 아이가 따라 부르기에는 가사가 어렵죠. 아이 얼굴에 귀를 가까이 대고 들어보면 그래도 스피커에서 흘러나오는 음악을 살짝 흥얼거리고 있어요. "뜻 뜻뜨 뜻 뜻뜨뜨……", "땃따 따아 따……" 이런 식이지요. 노래의 리듬이나 높낮이를 입으로 따라 하는 거예요. 나름대로 꽤 정확하게 부르지

요. 기분 좋을 때는 그 리듬에 맞춰 팔과 어깨까지 같이 들썩거리기도 해요. 누가 가르쳐주지도 않았는데 아이 스스로 몸으로 리듬을 타고 음의 높고 낮음을 구별해서 흉내 내고 있는 겁니다.

'리듬Rhythm'이라는 말은 라틴어 '리드모스Rhythmos'에서 왔다고 합니다. 이 단어의 유래를 거슬러 올라가면 독일어 '라인Rhein'이나 영어 '리버River'가 나온다고 해요. 이들 단어에는 모두 '흐른다'는 뜻이 담겨 있고요. 그래서 학자들은 리듬이라는 단어에 시간의 흐름을 느낀다는 의미가 들어 있다고 봅니다.

우리 몸은 본능적으로 시간의 흐름을 느끼도록 설계돼 있어요. 매일 비슷한 시간에 잠들고 비슷한 시간에 깨지요. 항상 같은 시간 간격으로 심장이 뛰고 계절의 변화에 따라 체온도, 호르몬 분비량도 조금씩 달라져요. 몸속에서 일어나는 많은 생리작용이 주기를 갖고 리듬감 있게 일어나기 때문이에요. 어떤 과학자들은 인체에 존재하는 생리작용의 리듬이 적어도 100개가량 될 것으로 추측하기도 합니다.

몸속 생리작용의 리듬을 조절하는 주체는 다름 아닌 뇌지요. 이 같은 생체리듬에 문제가 생기면 병으로 이어질 수 있다는 것은 이미 잘 알려져 있어요. 심지어 같은 병에 걸린 환자들은 상태가 시간에 따라 유사하게 변하기도 합니다. 예를 들어 특정한 시간대에 더 많이 또는 더 적게 발병하고, 증상이 약해지거나 심해진다는 거예요. 최근에는 이를 시간약물학이라는 새로운 분야로 모아서 깊이 연구해봐야 한다고 주장하는 학자들도 생겼어요. 적절한 타이밍에 환자에게 약을 먹이거나 수술을 함으로써 치료 효과를 극대화할 수 있다는 이야기지요.

독일에서 태어난 미국인 문화인류학자 프란츠 보아스는 "인간은 질서와 리듬에 대한 기본적인 욕구가 있다"라고 했어요. 리듬을 소리로 표현하면 음악이, 동작으로 표현하면 춤이 됩니다. 학자들은 사람들이 음악에, 춤에 빠져드는 이유가 바로 여기에 있다고 설명하지요. 결국 우리는 알게 모르게 평생 리듬에 몸을 맡기고 있는 셈이에요. 듣고 있는 노래의 제목도, 장르도, 가사 뜻도 모르는 아이가 자연스럽게 리듬을 타는 모습을 보면서 프란츠 보아스의 주장에 공감했지요.

그런가 하면 영국 레딩대학교의 고고학자 스티븐 미슨 교수는 그의 저서 《노래하는 네안데르탈인》에서 네안데르탈인이 절대음감을 갖고 있었다는 주장을 폅니다. 절대음감은 어떤 음을 들었을 때 다른 음과 비교하지 않고도 고유한 높낮이를 알아내는 능력을 말하지요.

미슨 교수를 비롯한 많은 학자들이 네안데르탈인 같은 인류의 조상에게는 절대음감이 반드시 필요했을 거라고 추측합니다. 언어가 생기기 전 그 시절에는 인류가 아마 목소리의 높낮이나 강약, 길고 짧음(리듬) 등을 다양하게 바꿔가며 의사소통했을 테니까요. 물론 손짓, 발짓도 섞어가면서 했겠지요. 그런데 현생인류로 넘어오면서 절대음감을 점점 잃어버리게 되었다

고 해요. 언어가 발달하기 시작하면서 굳이 절대음감을 유지할 필요가 없어졌기 때문이에요.

많은 과학자들은 인류의 조상이 갖고 있던 절대음감이 아기에게 남아 있을 거라고 생각합니다. 그러다 자라는 동안 말을 배우면서 서서히 사라진다는 거지요. 언어장애를 타고난 아이 가운데 남들보다 절대음감이 뛰어난 경우가 많다는 연구 결과도 이런 추측을 뒷받침합니다.

우리 아이가 말을 할 수 있게 되었을 때부터 식구들의 대화법이 달라졌어요. 아이에게 이야기할 때만은 목소리 높이를 좀 더 올리고 크기도 키우지요. 특히 아이가 막 말을 시작하던 첫돌, 두 돌 무렵엔 덩달아 몸짓까지 과장되기도 했어요. 엄마, 아빠, 할머니, 할아버지, 이모 너 나 할 것 없이 공통적으로 나타나는 현상입니다. 그런 광경을 볼 때마다 문득 네안데르탈인의 의사소통도 어쩌면 이와 크게 다르지 않았을 것 같다는 생각을 해봅니다.

이럴 땐 이런 음악을

우리 몸은 본능적으로 음악에 반응한다. 음악치료가 심리치료의 한 분야로 자리 잡은 것도 이런 이유에서다. 어떤 리듬이나 멜로디가 모든 사람에게 같은 효과를 내지는 않지만, 보편적으로 특정 감정을 이끌어내는 경우도 있다. 과학자들은 노래가 사람의 자율신경계를 자극해 맥박 수를 변화시킬 수 있다고 설명한다. 활력을 찾고 싶을 땐 교감신경을 활성해 맥박을 빠르게 해주는 음악을 듣고, 안정하고 싶을 땐 부교감신경을 활성화해 맥박을 느리게 해주는 음악을 들으라는 것이다. 이화여대 음악치료센터가 한 과학 전문지에서 추천한 음악을 소개한다. 아이와 함께 동요 말고 다른 음악을 듣고 싶을 때 기왕이면 참고해볼 만하다.

아침을 시작할 때

빠르고 리듬의 변화가 많은 음악이 몸에도 활력을 주니 아침에 들으면 좋다. 빠른 템포를 쫓다보면 심장박동 수도 늘고, 이어지는 리듬이 예상과 다르면 뇌가 자극을 받아 깨어나기 때문이다.

★ 추천곡: 〈사랑의 인사〉(에드워드 엘가), 〈비위치드 Bewitched〉(에디 히긴스 트리오), 〈테이킹 어 찬스 온 러브 Taking a Chance on Love〉(제인 몬하잇), 〈과일 샐러드 Salade de Fruits〉(리사 오노)

잘 준비를 할 때
비교적 느리고 몇 가지 리듬이 반복되는 곡은 몸과 마음에 안정을 준다.
★ 추천곡: 〈달빛 Clair de Lune〉(드뷔시), 〈언틸 플로우 업 더 스트림 Until Flow Up The Stream〉(제이에스 컬쳐), 〈비 히어 투 러브 미 Be Here to Love Me〉(노라 존스), 〈마이 원 앤드 온리 My One and Only〉(스팅)

슬프고 위로가 필요할 때
처음부터 기분 전환을 한다고 신나는 댄스 음악을 택하기보다는 감정 상태와 비슷한 음악부터 듣다가 조금씩 분위기가 밝은 음악으로 바꿔가는 게 기분 전환에 도움이 된다.
★ 추천곡: 〈콜니드라이 Kol Nidrei〉(브루흐), 라흐마니노프 보칼리제 Vocalise를 첼로로 연주한 곡, 〈크라이 미 어 리버 Cry Me a River〉(신관웅), 〈알마즈 Almaz〉(랜드 크로포드), 〈내 귀여운 사랑 My Cherie Amour〉(르네 플레밍)

화가 많이 났을 때
음이 높거나 비트가 강한 음악이 화를 분출하거나 감정을 해소하는 데 좋다.
★ 추천곡: 〈볼레로 Bolero〉(라벨), 〈콤포트 미 Comfort Me〉(터크 앤드 패더), 〈데이 트립 Day Trip〉(팻 메스니), 〈후 렛 더 도그스 아웃 Who Let The Dogs Out〉(바하 멘), 〈웨어 이즈 러브 Where is Love〉(블랙 아이드 피스)

아이의 특별한 능력

아이가 세 돌 반쯤 지날 무렵부터 '놀라운' 능력을 보이기 시작했어요. 글씨를 못 읽는데도 자동차 모양만 보고 브랜드를 구별하는 거예요. 우리 아이는 아주 어릴 때부터 자동차에 유난히 관심이 많았어요. 장 보러 가는 길에 아파트 단지 주차장을 지날 때마다 아이는 차를 하나하나 가리키며 "엄마, 저 차는 무슨 차야?" 하고 묻곤 했어요. 그럴 때마다 차 뒤쪽으로 돌아가서 차종 이름을 확인하고 "응, 쏘나타야", "SM5야" 하며 알려줬지요. 이름을 직접 보지 않으면 무슨 차인지 사실 전 잘 모르거든요.

그렇게 한동안 가르쳐주고 나니 아이는 지나가는 차를 보고도 "저건 쏘나타고 저건 스포티지다", "이 차는 모닝 아냐?" 하는 거예요. 제 눈엔 아직도 쏘나타나 SM5나 그 모양이 그 모양 같은데 말이에요.

성장 다이어리 ☺ 인지 발달

벌써부터 엄마보다 차종을 더 잘 구별하는 아이 이야기를 하면 주변 어른들 열에 아홉은 남자아이라 그렇다고들 하십니다. 남자아이들이 원래 여자아이들보다 자동차 같은 기계를 더 좋아하고 더 잘 안다는 설명과 함께 말이지요. 듣고 있으면 마치 우리 아이가 자동차를 잘 구별하는 능력을 타고난 걸까 하는 생각도 들어요.

우리 뇌에는 높은 수준의 시각 기능을 담당하는 특별한 부위가 있다고 합니다. 물체의 대략적인 윤곽이나 색깔뿐 아니라 아주 세세한 차이까지 구별해서 볼 수 있게 해주는 영역이지요. 후두엽과 측두엽 사이인 뒷목 쪽에 있는 이 영역을 신경과학자들은 "전문가영역"이라고 부르기도 해요.

이곳이 가장 활발히 활동하는 대표적인 경우가 사람 얼굴을 구분할 때래요. 사실 말이나 소 같은 동물은 여러 마리를 봐도 그 얼굴이 그 얼굴 같지요. 하지만 사람 얼굴은 아무리 일란성쌍둥이라도 조금은 달리 보여요. 이게 바로 전문가영역의 역할입니다. 이 영역이 태어날 때부터 망가져 있으면 사람을 잘 알아보지 못하겠지요.

특정 분야의 전문가가 되면 그 분야에 해당하는 시각 자극에 남들보다 예민하게 반응합니다. 이 또한 전문가영역이 활성화하기 때문이에요. 예를 들어 보통 사람이 새를 볼 때는 뇌에서 일반적인 시각 영역만 활동하기 때문에 그 새가 그 새 같지만, 새 전문가가 새를 볼 때는 뇌에서 전문가영역이 함께 활동하기 때문에 서로 다른 새의 세세한 차이까지 구분해낼 수 있지요.

　　전문가영역의 능력은 타고난다기보다 주로 경험을 통해 발달한다고 알려져 있어요. 새를 많이 볼수록 뇌에서 전문가영역이 활성화할 가능성이 높아집니다. 결국 전문가영역의 활동에 남녀의 차이가 있다면 구조나 기능 자체가 아니라 그 영역을 활성화하는 경험이 달라서라는 게 신경과학자들의 설명이에요. 자동차를 많이 본 경험이 있으면 남자아이든 여자아이든 뇌에서 전문가영역이 작동할 수 있다는 이야기지요.

　　신혼 때 식탁 위에 놓인 반찬 중 콩나물과 숙주나물을 구별하지 못하는 남편을 보고 참 황당했던 적이 있어요. 식당에 함께 간 남자 선배 기자가 반찬 중에서 뭐가 시금치인지 뭐가 쑥갓인지를 헷갈려 하는 걸 보고도 참 어이가 없었지요. 반대로 남편과 그 선배는 차종을 구별하지 못하는 제가 희한하다고 했지만요. 그들과 저의 뇌에서 전문가영역은 다르게 작동했던 게 확실한 것 같습니다.

　　신경과학자들은 전문가영역이나 그 주변에 얼굴 인식만 전담하는 부위가 따로 있을 거라는 추측도 하지요. 실제로 우리는 비슷한 동양인의 얼굴은 비교적 잘 구별하지만, 백인이나 흑인은 다 비슷하게 생겼다고 느낄 때가 있잖아요. 이른바 "타인종 효과"라고도 불리지요. 또 유명인은 캐리커처만 봐도 누군지 금방 알아채지만, 일반인은 오래 만나거나 여러 번 봐야 얼굴을 기억합니다. 뇌가 친숙한 얼굴은 세부적인 특징을, 낯선 얼굴은 전체적인 모양을 중심으로 인식하기 때문이라고 과학자들은 설명하지요.

아이는 밖에서 친구를 만나면 멀리서도 금세 알아보고 신 나게 달려갑니다. 친척과 이웃 아주머니, 경비 아저씨 등 여러 사람의 얼굴을 자연스럽게 구분해요. 돌이켜 보면 훨씬 어렸을 때부터 그랬어요. 포대기에 싸여 있을 때도 자지러지게 울다 엄마가 다가온 걸 보면 곧 눈물이 잦아들곤 했으니 분명 엄마를 알아보았던 것 같아요.

이렇게 사람 얼굴을 정확히 인식할 수 있는 능력은 인간이 사회적 동물로 진화하면서 자기 자신을 보호하는 데 크게 도움이 되었을 겁니다. 타인의 얼굴을 잘 알아봐야 동지인지 적인지 가려낼 수 있을 테니까요.

언젠가 차 한 잔 하려고 들른 카페에서 다른 테이블에 앉아 있는 사람에게 잠깐 시선이 멈췄습니다. 기억에 남아 있는 초등학교 동창의 얼굴과 일치했어요. 그 사람도 저를 알아본 듯했고요. 하지만 카페를 나올 때까지 우린 서로 인사하지 않았어요. 전문가영역이나 얼굴 인식 능력을 100퍼센트 활용하는 우리 아이와 달리 전 그날 제 특별한 능력을 썩혔던 거죠. 이런 게 아이와 어른의 차이인가 싶기도 합니다.

딱 걸린 아빠

결혼 전부터 남편이 약속한 게 있어요. 아이를 낳으면 담배를 꼭 끊겠다는 소리를 입에 달고 지냈지요. 그 말만 철석같이 믿고 기다렸건만, 웬걸 아직까지 약속을 지키지 않고 있답니다. 그런데 오만 가지 잔소리에도 흔들림 없던 남편의 담배 습관이 아이가 커가면서 점점 위기를 맞고 있어요.

주말 오전 달콤하게 늦잠을 즐기고 난 우리 세 식구는 보통 아침 겸 점심을 먹습니다. 처음에 배가 좀 고플 때는 밥상머리에 붙어 있던 아이가 배가 점점 불러올수록 엉덩이가 들썩이지요. 밥을 한 숟갈 입에 넣고 집 안을 온통 휘젓고 다니다가 엄마가 부르는 소리에 쪼르르 달려와 앉아 입 벌리고 밥만 쏙 넣은 다음 다시 벌떡 일어나요.

그렇게 밥을 먹이다보면 저는 밥을 먹는 둥 마는 둥 하죠. 제가 아이와 씨름하는 사이 남편은 먼저 식사를 끝냅니다. 그러고는 조용히 일어나 주섬주섬 옷을 챙기고 슬그머니 신발을 신지요. 바로 그때, 아빠를 발견한 아이가 집이 떠나가라 소리칩니다. "아빠, 어디 가?" 하고요.

머쓱해진 남편은 밖이 얼마나 더운지 한 번 보러 가야 한다느니, 주차를 제대로 안 해서 다시 하고 와야 한다느니, 경비 아저씨한테 이야기할 게 있어서 잠깐 만나고 와야 한다느니 하고 둘러대지요. 예전만 해도 그런 아빠 말을 곧이곧대로 믿던 아이가 네 살쯤 되더니 "아니야. 담배 피러 가지요?" 하며 바른말을 하기 시작했어요. 고 녀석, 눈치 한 번 제법입니다.

그 눈치라는 건 과연 어떻게 해서 생겼을까요? 먼저 주말 식사 때마다 반복되는 아빠의 행동 패턴이 아마 아이 머릿속에 입력됐겠지요. 그리고 아빠가 돌아오면 엄마가 매번 늘어놓는 잔소리에서 아빠가 날씨를 확인하고 온 것도 아니고, 주차를 하고 온 것도 아니고, 경비 아저씨를 만나고 온 것도 아니고, 바로 담배를 피우고 왔다는 사실을 알아챘을 겁니다. 신경과학자들은 이렇게 눈치가 생기는 과정에 '거울신경세포'가 관여할 거라고 추측하기도 해요.

거울신경세포는 다른 사람의 행동을 마치 거울처럼 그대로 비춰주는 신경세포를 뜻합니다. 어떤 사람의 행동에 무슨 의도가 있는지를 파악하려고 할 때 우리 뇌는 거울신경세포에 비친 행동을 과거 그 사람의 행동과 비교해본다는 거예요. 그러면 그 사람이 무엇을 하려는지 얼추 짐작할 수 있

습니다. 이게 바로 눈치지요. 눈치는 사람이 원만한 사회생활을 하는 데 꼭 필요한 능력이에요. 눈치 없는 사람치고 환영받는 일은 없지요.

사람이 다른 사람의 행동을 모방하거나 이해하는 것, 다른 사람의 감정이나 경험을 마치 내 것처럼 느끼는 것 역시 거울신경세포 덕분이라는 주장도 있습니다. 예를 들어 월드컵 같은 축구 경기 때를 생각해보죠. 많은 축구 팬들이 우리 선수가 공을 뺏기면 마치 자신의 실수인 양 안타까워하고, 멋진 슛으로 상대 팀 골문을 흔들면 자신이 골을 넣은 것처럼 팔짝팔짝 뛰며 기뻐해요. 꼭 자신이 운동장에서 직접 뛰는 선수처럼 말이에요.

실제로 축구를 하는 게 아니라 그저 보기만 하는데도 이렇게 경기에 몰입할 수 있는 건 경기를 보는 동안 뇌에서 거울신경세포가 활발히 작동하기 때문입니다. 선수의 움직임 하나하나를 그대로 비춰주기 때문에 축구팬은 마치 자신이 실제로 축구를 하고 있는 것처럼 여기게 된다는 거예요.

우리는 슬픈 영화를 보면 눈물을 흘리고, 남들의 안타까운 사연을 들으면 마음 아파하고, 친구에게 좋은 소식이 생기면 자기 일처럼 즐거워하지요. 누군가 실수를 하면 '나 같아도 그럴 수 있었을 거야' 하며 이해해주기도 합니다. 타인의 경험이나 외부 자극이 거울신경세포에 투영되면서 마치 자기 일인 것처럼 받아들이기 때문이지요.

그러고 보니 우리 아이 뇌 속에서도 이미 거울신경세포가 작동하기 시작한 것인지도 모르겠네요. 아이가 공연이나 텔레비전 애니메이션 같은 걸

볼 때 옆에서 지켜보면 마치 자기가 주인공인 것처럼 신 나 하기도 하고 걱정하기도 하고 그러거든요. 아이들이 다른 사람들의 말이나 행동을 곧잘 따라 하는 모방 행동 역시 거울신경세포 덕분이라는 설명도 있습니다.

거울신경세포가 처음 알려진 건 1996년입니다. 얼마 안 됐지요. 이탈리아 과학자들이 원숭이 뇌에 전극을 넣고 원숭이가 땅콩을 집어 입으로 가져갈 때 어떻게 반응하는지 관찰했습니다. 그런데 희한하게도 원숭이가 스스로 이 행동을 할 때와 다른 원숭이나 사람이 이 행동을 하는 걸 볼 때 뇌에서 같은 부위의 신경세포들이 작동했어요. 그래서 보는 것을 하는 것과 똑같이 받아들이게 하는 거울신경세포가 있다고 과학자들이 추측하게 됐습니다.

당시 원숭이의 뇌에서 거울신경세포가 있다고 생각된 부위는 머리 앞부분인 전두엽과 윗부분인 두정엽이에요. 과학자들은 사람에게도 비슷한 위치에 거울신경세포가 존재할 것으로 보고 있지요.

하지만 거울신경세포가 진짜 있는지 의문을 제기하는 과학자도 많습니다. 우리가 다른 사람의 의도를 파악하거나 다른 사람의 감정을 함께 느낄 수 있는 건 단순히 신경세포에 투영되었기 때문이 아니라 훨씬 더 복잡한 메커니즘 때문일 것이라고요. 수많은 신경세포 가운데 거울신경세포라는 특별한 세포가 실제로 존재한다는 명확한 실험적 증거도 아직 충분하지 않다고 합니다.

　거울신경세포 덕분이든 더 복잡한 메커니즘 덕분이든 아이가 커가면서 점점 눈치가 느는 건 사실이에요. 주말 식사 때마다 아이에게 딱 걸린 남편은 대충 둘러대며 황급히 담배 피러 나가려 하고 아이는 아빠의 옷자락을 잡아끌곤 하지요. 남편과 아이가 그렇게 실랑이를 벌이는 동안 늦은 식사를 하면서 전 그냥 조용히 미소만 짓습니다. 속으로 '우리 아가 잘한다'라고 외치면서 말이죠. 엄마가 실패한 아빠의 금연, 아이에게 한 번 맡겨볼까 합니다.

'놓다'와 '끼우다'의 차이

확실하지는 않지만 우리 아이가 제일 처음 알게 된 글자는 '약'인 것 같아요. 아마 그때가 세 돌 되기 전이었지요. 아이를 데리고 장도 볼 겸 산책도 할 겸 밖에 나갔다가 깜짝 놀랐어요. 약국이 나올 때마다 아이가 "엄마, 저거 약국이야?" 하고 물어보는 거예요. 아이가 다른 가게랑 약국을 어떻게 구별할까 곰곰 따져봤어요. 처음에는 유리창 너머로 약병과 상자들이 쌓여 있고 흰 가운을 입은 아저씨나 아주머니가 서 있다는 공통점 때문이겠지 하고 생각했어요.

그래도 혹시나 싶어 집에 돌아와서 자석이 붙어 있는 플라스틱 글자 블록으로 '약'이라는 글자를 만들어 냉장고에 붙여 놓고 아이에게 "이게 뭘까?" 하고 물었어요. 글자를 한참 빤히 쳐다보던 아이가 엄마와 눈을 마주치며 자신 있게 말했습니다. "약국!"이라고요. "우와" 하고 신기해하는 엄

마와 아빠를 번갈아 보며 아이는 스스로도 뿌듯한지 보너스로 막춤까지 선보였지요.

아이가 본격적으로 글자에 관심을 두기 시작한 건 두 돌 반쯤 되어서부터였던 걸로 기억합니다. 말에 관심이 부쩍 늘기 시작했던 건 그로부터 1년쯤 더 전이었던 것 같고요. 식구들이 둘러앉아 대화할 때마다 어른들 말에 유심히 귀를 기울이는가 하면, 자기도 옹알옹알 한마디 하겠다고 기어이 끼어들곤 했지요.

당시에도 아이와 말하다보면 깜짝 놀랄 때가 있었어요. 어른들이 했던 말을 기억해서 그랬는지 종종 질문을 하면 그 조그만 입에서 딱 맞는 대답이 나왔거든요. "밥 많이 먹으면 어떻게 되지요?" 하면 "씩씩" 이라는 식으로요. 물론 발음은 "씩씩" 보다는 "찌쩍" 에 가깝지만요. 그런데 사실 아이가 '씩씩하다' 는 단어의 뜻을 정확히 알고 대답했을 것 같지는 않아요.

어떤 학자들은 사고력이 발달하기 전에 아이들이 쓰는 말은 진정한 의미에서 언어가 아니라고 주장하기도 합니다. 그저 다른 사람의 말을 기억하고 그대로 따라 하는 것일 뿐 실제 개념을 스스로 전달할 수 없다는 거죠. 사고력이 갖추어져야 비로소 완전한 언어능력이 만들어진다는 이야기이기도 하고요. 과거 독일에서는 아이들이 존재의 변화를 표현하는 '사라지다' 같은 단어보다 실제로 눈에 보이는 위치를 나타내는 '위' 나 '아래' 같은 단어를 먼저 이해한다는 연구 결과가 나오기도 했습니다. 사고력이 언어능력에 영향을 끼친다는 증거가 되겠지요.

하지만 정반대 의견도 있어요. 어릴 때 습득한 언어가 사고력 발달에 상당한 영향을 준다는 겁니다. 우리 아이가 제일 먼저 배운 말 중 하나는 '고장'이에요. 장난감에서 음악이 안 나올 때 식구들이 "고장 났어요" 하며 배터리를 갈아 끼워주고 "이제 다 고쳤어요" 해서 그런가 봅니다. 그래서 배웠는지 조금이라도 자기 뜻대로 움직이지 않는 게 있으면 아이는 무조건 "고장, 고쳐주세요" 하며 아예 배터리까지 찾아 들고 쫓아다니곤 했어요. 고장이 무슨 의미이고 그럴 땐 어떻게 해야 하는지 스스로 생각해낸 것 같았습니다.

미국에서는 돌 직전부터 가족과 대화를 많이 나누며 자란 아이가 그렇지 않은 아이보다 어휘력이 더 좋다는 연구 결과가 나오기도 했어요. 풍부한 어휘력이 학습 능력 발달로 이어진다는 건 이미 잘 알려져 있지요.

언어가 사고를 지배하는지, 아니면 사고력이 언어능력보다 앞서 발달하는지는 언어학과 심리학, 동물행동학 등 여러 분야에서 오랫동안 논쟁해 왔습니다. 어떤 학자들은 아예 언어와 사고가 서로 독립적이라고도 하지요. 우리 아이에게 말과 글을 다 가르쳐보고 나면 어느 한쪽 손을 들어줄 수 있게 될까 궁금해지기도 합니다.

아이들이 보통 말보다는 글자를 좀 더 늦게 배우게 되지요. 이론적으로는 만 2세가 지나면 한글을 배우기 시작할 수 있다고 합니다. 남편과 저도

아이에게 직접 글을 가르쳐보겠다고 세 돌 즈음 플라스틱 글자 블록도 사고, 글자를 따라 쓰는 책도 사고, 마루 벽에 가나다라 브로마이드도 붙여 놓았어요. 교구는 참 많더군요.

하지만 한글을 구체적으로 어떻게 가르치는 게 좋을지 초보 엄마, 아빠로서는 솔직히 난감할 따름입니다. 'ㄱ', 'ㄴ', 'ㄷ', 'ㄹ', 'ㅏ', 'ㅑ', 'ㅓ', 'ㅕ'처럼 자음과 모음부터 알려줄지, '가', '나', '다', '라' 같은 음절 먼저 가르칠지, 아예 '가방', '나비', '다리미' 같은 낱말부터 배우게 하는 편이 더 효과적인지 도무지 헷갈리지요. 아이를 처음 키우는 부모라면 대부분 우리와 비슷한 생각들을 해보았을 것 같습니다.

전문가들은 낱말 단위의 글자를 그림과 대응해가며 구분하게 하는 놀이가 한글 학습의 첫 단계로 적합하다고 조언합니다. 예를 들어 앞면에는 사물 그림, 뒷면에는 그 사물의 이름을 한글로 써놓은 카드를 활용하면 좋다는 거지요. 둘째 단계는 같은 글자가 같은 소리를 낸다는 사실을 익힐 수 있게 해주는 놀이가 필요하다고 합니다. 같은 낱말을 다른 색으로 쓴 카드를 여러 장 만들어 같은 글자끼리 모으게 하는 식으로 말이에요.

사실 숫자나 영어보다 한글을 가르치기가 어렵다는 생각도 듭니다. 초성과 중성, 종성을 조합해 글자 하나를 만들어내는 한글의 복잡한 구조 때문이지요. 물론 덕분에 우리 아이들이 영어권 아이들보다 공간 개념에 일찍 눈을 뜬다고 주장하는 학자들도 있습니다. 알파벳을 가로로 단순히 나열하는 영어와 달리 한글에선 자음과 모음의 공간 배치가 중요하니까요. '약'이라는 글자를 만들 때도 왼쪽에 'ㅇ', 오른쪽에 'ㅑ'를 놓고 그 아래에 'ㄱ'을 놓는 식으로요.

단어에서도 우리말은 영어보다 공간 개념이 세분화해 있어요. 한글에서는 공간 개념을 동사로 다양하게 말하는 데 비해 영어는 전치사를 이용해 상대적으로 단순하게 표현하지요. 우리 아이도 일찌감치 탁자에 블록 장난감을 '놓는' 것과 블록 위에 블록을 '끼우는' 걸 구분해서 말할 줄 알았습니다. 영어를 쓰는 아이들은 둘 다 'put on'이라고 하겠지만요.

말을, 글자를 언제 어떻게 가르칠까 하고 엄마, 아빠가 고민만 하고 있는 동안, 어느새 아이는 길거리 간판 정도는 띄엄띄엄 스스로 읽을 만큼 자랐습니다. 작은 손으로 연필을 꼭 쥐고 자기 이름을 쓰고는 자랑스럽게 엄마, 아빠가 칭찬해주길 기다리기도 하지요. 아이들의 언어 학습은 첨단 과학도 정확히 설명하지 못할 정도로 놀라운 능력입니다.

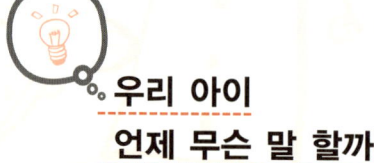
우리 아이 언제 무슨 말 할까

만 1세 전
생후 8개월쯤 지나면 처음으로 낱말을 말한다. 첫 낱말은 "엄마"나 "아빠", "물", "맘마" 등 아이가 흔히 듣거나 필요로 하는 것이 대부분이다. 같은 음절을 반복해서 소리 내거나 자음과 모음이 결합된 소리를 모방해서 말한다. "안 돼" 하면 하던 행동을 멈출 수 있다. 단어 세 개 이상 정도는 일관성 있게 말할 수 있게 된다.

1~2세
"물 줘"나 "엄마 까까"처럼 두 단어를 결합해 자신의 요구나 감정을 표현하는 문장을 만들기 시작한다. 동물 소리나 기계 소리처럼 주변에서 들리는 소리를 흉내낸다. "누구야?"나 "뭐야?"처럼 단순한 의문사로 이루어진 질문에 단답형으로 대답할 줄 안다. 계속해서 스스로 말할 수 있는 낱말 수가 증가한다.

2~3세
두 가지나 세 가지로 된 문장을 사용해서 말하고 "누가 왔어?"처럼 의문문으로 질문하기 시작한다. 위와 아래, 안과 밖, 크다와 작다, 많다와 적다 같은 개념을 이해한다. "공 주고 컵 가져와"처럼 단순한 두 단계 지시를 정확히 실행할 수 있게 된다. 일상적인 활동에 대해 "뭐 해?"라고 물으면 대답할 줄 안다.

3~4세

단순하게나마 주어와 목적어, 동사로 이뤄지는 문장 형태를 말하기 시작한다. 숫자 세 개를 기억해서 반복해서 말하고 나이와 색깔 이름을 댄다. 너와 나, 우리 같은 인칭대명사를 사용하고 같다와 다르다의 의미를 이해하게 된다. 신체 각 부위를 제대로 구분해 말할 줄 알고, 여자와 남자도 구별해서 말하기 시작한다.

4~5세

"나는 밥 먹고 친구랑 놀 거야"처럼 문장과 문장을 연결해서 표현하고 '그래서'나 '그리고' 같은 접속사도 사용한다. 기쁘다, 슬프다, 화났다 같은 감정 표현을 이해하고 첫째, 둘째, 마지막 같은 순서 표현도 알아듣기 시작한다. 크다와 작다 같은 반대말을 쓸 줄 알고 "왜?"라는 질문에 이유를 설명하게 된다. 전화로 간단한 메시지를 전달하고 주소와 전화번호를 말할 수 있다.

5~6세

어른과 비슷한 문법구조를 사용하기 시작한다. 가장 크다, 가장 작다 같은 최상급을 이해하고 왼쪽과 오른쪽을 구분한다. 어제와 오늘, 아침과 점심 같은 시간 표현이 가능해지고 직업의 역할도 적절히 대답할 줄 안다.

자료: 한국아동발달심리센터

"총으로 쏴버릴 거야"

"여기 ○동 ○호인데요, 오늘 저녁에 갖다 주실 수 있으세요? 더 맡길 것도 있는데…….″ 주말 아침 단골 세탁소와 종종 하는 전화 통화입니다. 예전엔 세탁할 옷을 직접 가져다 맡기고 찾아오곤 했는데, 아이가 생긴 뒤부터 자주 배달을 부탁하게 됐어요. 단골이지만 매번 문 앞까지 와달라고 부탁하려니 괜스레 미안해지기도 해요.

아침 설거지를 끝내고 세탁 맡길 옷을 챙겨놓고 청소를 하려는데, 마루에서 장난감 자동차를 갖고 노는 아이가 작은 입을 조물거리며 계속 옹알옹알하는 걸 발견했어요. 잠깐 일손을 멈추고 "무슨 얘기 해?" 하며 가까이 가서 들어본 순간, 요즘 말로 빵 터졌지요.

아까 세탁소와 통화한 엄마 말을 오물오물 따라 하고 있었던 거예요. 심지어 억양까지 그대로 흉내를 내더라고요. "갖다 주실 수 있으세요?" 할 땐 말꼬리가 올라가고, "맡길 것도 있는데……" 할 땐 슬그머니 내리면서 말이죠. 한참을 배꼽 빠져라 웃는 엄마가 신기했는지 아이는 눈은 동그랗게 뜨고 엄마를 쳐다보다 이내 같이 웃기 시작했어요.

그때가 두 돌이 갓 지났을 때였죠. 그때부터 아이는 점점 흉내 내기의 달인이 되어갔어요. 주변 어른들 말은 물론이고 텔레비전이나 라디오에 나오는 광고까지 따라 하지요. 동요 가사를 기억해 따라 부르는 걸 보면 참 신통하기도 해요. 노랫말이나 광고 카피처럼 리듬이나 높낮이가 있는 말은 더 잘 따라 하는 것 같아요.

영국의 유명한 진화심리학자 리처드 도킨스 옥스퍼드대학교 교수는 1976년에 펴낸 책 《이기적 유전자》에서 '모방자(밈, meme)'라는 말을 썼습니다. 모방한다는 뜻인 그리스어 'mimeme'를 유전자를 의미하는 영어 단어 'gene'과 발음이 비슷하게 줄인 말이에요. 도킨스 교수는 생명이 유전자를 통해 복제돼 한 세대에서 다음 세대로 이어지는 것처럼 인류의 문화 또한 모방자를 통해 한 사람의 뇌에서 다른 사람의 뇌로 복제된다고 주장했습니다. 언어를 예로 들면 인류가 진화해온 수백만 년 동안 타인의 말을 더 잘 흉내 내고 언어 소통을 잘하는 사람이 살아남는 데 더 유리했다는 소리지요.

사실 모방자에 대해 의미 없는 은유거나 언어유희에 불과하다고 비판하는 주장도 있어요. 문화가 단지 모방자 때문에 사람들 사이에서 전파되고 진화해왔다는 설명은 너무 극단적이라는 거지요. 모방자를 둘러싼 학계

의 논쟁은 30년이 훨씬 지난 지금까지도 결론이 나지 않았습니다.

　인간이 문화를 어떻게 습득하고 진화시키는지를 가장 투명하게 보여주는 게 바로 아이의 발달 과정일 거라고 생각합니다. 아이들의 놀라운 모방 능력을 유심히 관찰하다보면 해묵은 과학계의 모방자 논쟁에 실마리를 던질 수 있지 않을까 기대도 해봅니다. 육아를 단순한 가사가 아니라 과학의 소재로 격상시킬 수 있는 근거도 될 수 있을 테고요.

　세 돌쯤 되니 아이의 모방 능력은 정말 놀랄 만큼 향상되더군요. 그런데 그 능력 덕분에 엉뚱하게도 제 잔소리가 덩달아 늘었습니다. 주말 오후 집안일을 하려고 남편에게 아이와 좀 놀아달라고 하면 남편은 어느 새 세상에서 가장 편안한 자세로 리모컨을 들고 마루에 누워 아이와 함께 텔레비전을 보고 있지요. 축구나 골프 같은 스포츠 아니면 총 쏘고 주먹다짐하는 영화 채널을 틀어놓고 말이에요.

　그러다보니 아이가 장난감 총을 찾기 시작했어요. 텔레비전에서 본 대로 장난감 총을 들고 온 마루를 뛰어다니며 전쟁을 벌이지요. 그런데 하루는 뭔가 자기 뜻대로 되지 않는 상황에서 얼굴을 찌푸리며 "총으로 쏴버릴 거야!"라는 말하는 거예요. 가슴이 철렁했지요. 총이 얼마나 무서운 무기인지, 사람이 총을 맞는다는 게 어떤 의미인지 아이는 모르는 것 같았어요. 그저 텔레비전 속 장면을 따라 하는 걸로 보였거든요.

　아이에게는 무서운 표정으로 "어디서 배웠어? 그런 말 하면 못써" 하곧 그 순간 받은 충격을 고스란히 남편에게 돌렸지요. 왜 애한테 싸우는 장면을 보여주느냐고 말이에요. "이제 텔레비전 좀 끄고 밖에 데리고 나가 놀아주라", "애 비뚤어지면 어떻게 하려고 그러느냐"면서요. 실컷 잔소리하고 나서 이어지는 고민도 매번 같지요. 텔레비전을 아예 못 보게 해야 하나 하고요.

하지만 이런 엄마, 알고 보니 빵점짜리였습니다. 문화가 모방을 토대로 전파되어온 것처럼 아이들이 세상을 배우는 가장 중요한 수단 중 하나가 바로 모방이니까요. 보고 들은 걸 흉내 내면서 인지능력이 발달한다는 겁니다. 전문가들은 총 쏘고 주먹다짐하고 험한 말 뱉는 텔레비전 속 배우들을 따라 한다고 무작정 나무라거나 큰일 날 것처럼 야단만 칠 필요는 없다고 조언합니다.

특히 네 살 전후는 모방 행동이 최고조에 달하는 시기이면서 어느 정도 인지능력도 발달한 단계이기 때문에 아이 수준에서 쉽게 설명해주면 잘 받아들일 수 있다는 거예요. 예를 들어 총이 사람에게 어떤 피해를 줄 수 있는지를 알아들을 수 있게 차근차근 이야기해주는 식으로 말이죠.

사실 텔레비전에서 성폭력이나 흉악 범죄, 자살 사건 등이 보도될 때마다 아이가 볼까 걱정스럽습니다. 이런 뉴스가 나올 땐 간혹 아이 몰래 잠시 채널을 돌리기도 하지요. 하지만 언제까지 숨길 수 있을까요?

실제로 미국에서는 9·11 테러 이후 전쟁이나 흉악 범죄 등을 아이들

에게 어떻게 설명해야 하는지가 심리학 분야의 주요 연구 주제였어요. 사건이나 사고를 아예 보지 못하게 막은 것보다 부모가 적극적으로 설명해줬더니 아이에게서 공포나 걱정, 슬픔, 분노 같은 부정적인 정서가 반으로 줄었다는 연구 결과도 나왔습니다. 특히 아이가 어릴수록 이런 효과는 컸다고 하네요.

 아이가 갑자기 '나쁜 어른들'에 대해 물어오면 솔직히 난감해질 것 같아요. 미리 준비를 해둬야겠어요. 어떻게 잘 설명해줄까 하고 말이에요. 독자들에게 어렵고 복잡한 과학이나 의학을 어떻게 잘 전달할까 하는 것과는 또 다른 고민입니다.

우리 아이 영재 아닐까

솔직히 고백하자면 세상 많은 엄마들이 그렇듯 저도 잠깐이나마 우리 아이가 혹시 진짜 영재 아닐까 생각한 적이 있습니다. 주변 다른 아이들이 단어로 의사 표현을 시작하던 시기에 우리 아이는 이미 문장을 말했으니까요. 한 자릿수 숫자는 정확히 말하고 알파벳도 몇 가지는 곧잘 읽었고요.

하지만 40개월 가까이 되니 다른 아이들과 대부분 비슷해지더군요. 다만 아이들마다 좋아하는 게 조금씩 다를 뿐인 것 같아요. 어떤 아이는 그림 그리는 걸 조금 더 좋아하고 어떤 아이는 글자에 조금 더 재미를 붙이고 어떤 아이는 뭔가를 만드는 데 조금 더 흥미를 느끼는 식으로 말이에요. 말이 몇 개월 빨리 늘고 숫자를 몇 개월 빨리 아는 게 그리 큰 의미가 없다는 사실을 이제 알게 되었습니다.

　아이가 남달리 똑똑하다고 생각해서, 아니면 책에 일찍부터 익숙해지는 게 아이에게 도움이 될 거라고 생각해서 영·유아 시기에 책을 많이 사주고 읽어주고 하는 엄마들이 적지 않아요. 하지만 말도 글도 잘 모르는 어린아이에게는 책이 무턱대고 좋지만은 않다는 게 전문가들의 우려입니다.

　책을 뺏으면 유독 울고불고 난리를 치는 아이들이 있지요. 엄마들은 아이들이 이런 행동을 보이면 '우리 아이가 책을 참 좋아하는구나' 하고 내심 흐뭇해하는 경우가 많습니다. 그러나 전문가들은 영·유아가 이런 행동이 지나치면 책이 좋아서가 아니라 책에 집착하기 때문이라고 진단합니다. 책을 너무 많이 읽었다는 이야기지요.

　아이에게 책은 장난감과 전혀 다릅니다. 아이가 만지며 갖고 놀 수 있는 장난감은 그 자체가 실체입니다. 그러나 독서는 글이나 그림의 내용을 머릿속에서 다루며 상상해야 하는 추상의 세계지요. 장난감을 갖고 노는 것보다 독서가 아이에게는 훨씬 더 어려운 일이에요. 어른들이 생각하는 것처럼 제대로 독서할 수 있는 건 아이가 초등학교에 입학한 뒤라고 해요.

　갓 태어난 아기의 뇌 용량은 약 350그램입니다. 어른 뇌 용량의 25퍼센트 정도이지요. 뇌 용량은 어른이 될 때까지 계속 증가합니다. 증가하는 속도나 주로 발달하는 부위는 나이에 따라 달라요. 세 살까지는 뇌의 기본 골격이 만들어지고 신경세포끼리 서로 연결되기 시작해요. 이런 발달이 뇌 전체에서 골고루 이루어져야 합니다.

그런데 이 시기에 책을 지나치게 많이 읽어주거나 글자를 억지로 익히게 하면 뇌 발달이 자칫 한쪽으로 편중될 수 있습니다. 뇌가 고르게 발달하는 데 가장 좋은 건 바로 온몸으로 하는 신체 놀이지요.

또 이렇게 어린 시기에는 감정을 조절하고 정서적으로 교감하고 충동을 억제하는 부위인 변연계가 활발하게 발달해요. 이때 독서를 과하게 하다 보면 변연계가 제대로 자극을 받지 못해 다른 사람들과 정서적 교감이 부족해질 수밖에 없겠죠. 이게 심해지면 사회성이 떨어지고 의사소통에도 문제가 생기면서 쓸데없이 글자를 읽거나 외우는 데만 집착하는 증상이 나타나기도 합니다. 이런 증상을 유사자폐라고 부르지요. 결국 뇌 용량이나 발달 정도가 감당하지 못하는 독서는 외려 아이 성장을 방해할 뿐입니다.

하지만 우리 사회에는 엄마들을 흔드는 유혹이 너무 많아요. 영·유아를 대상으로 벌써 그림책 전집이 나오질 않나, 그런 책들을 꼭 읽어야 아이가 똑똑하게 자랄 수 있을 것 같은 생각이 들도록 과장된 마케팅을 하는 경우가 수두룩하지요. 몇몇 육아 사이트나 기업에서는 어린아이가 책에 지나치게 몰입하는 모습을 보이면 영재성이 나타나는 거라며 오히려 독서를 더 하도록 부추기기도 한대요. 다행히 최근엔 이런 과잉 마케팅에 휘둘리지 않고 '적기 교육'을 하겠다는 엄마들도 조금씩 늘고 있는 추세인 듯합니다.

제대로 된 적기 교육을 위해서는 먼저 우리 아이들의 뇌가 어떻게 발달하는지부터 정확히 알아야겠지요. 4~6세에는 주로 뇌 앞부분에서 사고력과

정서가 발달합니다. 새로운 경험을 많이 할 수 있게 도와주면서 호기심과 창의력을 길러주고 기본 예절을 가르치기에 좋은 시기예요.

언어 교육이 가장 적당한 나이로 전문가들이 꼽는 시기는 7~12세입니다. 언어와 논리적 사고, 청각 기능을 담당하는 뇌의 가운데와 양옆 부분이 집중적으로 발달하기 때문이지요. 12세가 넘으면 뇌에서 시각 영역이 특히 발달해요. 그 또래 아이들이 외모에 유달리 관심을 갖기 시작하는 이유도 이 같은 뇌 발달 단계의 특성 때문이지요.

우리 아이는 밤에 잠이 잘 안 올 때면 가끔 제게 같이 책을 읽자고 해요. 대부분은 아이가 원하는 대로 읽어주지만, 정말 피곤할 때는 "책 말고 옛날이야기 해줄게" 하고 일단 불부터 끄지요. 둘이 누워서 재잘거리며 간지럼 태우며 장난치다보면 어느새 아이는 잠이 들곤 해요. 그럴 때마다 피곤하다는 핑계로 책 읽어주기를 귀찮아했던 게 내심 미안하기도 해요. 하지만 뇌 발달 단계에 비춰 보면 제가 잘못한 것만은 아닌 것 같아 마음이 좀 놓입니다. 너덧 살짜리 아이가 꼭 배워야 하는 건 글자나 독서 방법보다는 다양한 경험과 남을 배려하는 마음일 테니까요.

거울 속에 누가 있어요

　　　　　　　　우리 집에는 언젠가 미용실에서 얻어온 커다란 머리핀이 있어요. 좀 촌스럽다 싶은 분홍색이라 차마 꽂고 밖에 나가지는 못하고 집에서 머리 손질할 때만 가끔 쓰지요. 우리 아이가 한동안 그 핀을 유독 좋아했습니다. 장난감처럼 생각하는지 눈에 띌 때마다 갖고 놀고 싶다고, 자기도 머리에 꽂아달라고 졸라대곤 했지요.

　　남자아이라서 뒷머리가 길지 않으니 할 수 없이 앞머리 한 움큼을 핀으로 집어주면 아이는 신이 나서 거울 앞으로 달려갑니다. 그러고는 핀 덕분에 하늘로 솟아오른 앞머리가 우스운지 거울 앞에서 손으로 만지작거리며 한참을 큰소리로 깔깔댔고요.

　　아이가 세 돌쯤 지날 무렵이었던 걸로 기억합니다. 그날도 분홍 머리핀을 꽂고 거울을 보며 깔깔대는 아이가 귀여워서 같이 웃으며 바라보다 문

득, 거울에 비치는 모습이 자신이라는 사실을 아이가 알고 있다는 걸 깨달았어요. 누가 아이에게 따로 이야기해주지 않은 것 같은데 말이에요. 훨씬 어릴 때는 거울을 보여주면 그저 신기한 듯 거울을 바라보거나 만져보기만 했거든요.

미국 캘리포니아대학교 심리학과 앨리슨 고프닉 교수는 그의 책《우리 아이의 머릿속》에서 아기가 거울에 비친 자기 모습을 알아보기 시작하는 시기가 생후 18개월 정도라고 했어요. 아기가 자기 모습을 알아보는지 못 알아보는지는 간단한 실험을 통해서 알 수 있습니다. 아기 이마에 몰래 스티커를 붙이고 거울 앞에 앉혀보면 된다는 거예요.

고프닉 교수는 18개월이 안 된 아기에게 스티커를 붙여주고 거울 앞에 앉혀 놓았습니다. 그랬더니 아이는 거울 안에 다른 아기가 있는 것처럼 행동하며 거울 속 스티커를 가리키더랍니다. 하지만 18개월이 넘은 아기는 거울을 보고는 스티커가 붙어 있나 확인하려고 자기 이마를 직접 만져본다는 거예요. 머리핀을 꽂은 자기 모습을 눈으로 확인하려고 스스로 거울 앞으로 달려가 비춰볼 생각까지 했으니 당연히 우리 아이는 거울 속 자기 모습을 그저 알아보는 단계를 이미 훨씬 넘어 있었던 거겠지요.

하지만 그 행동만으로 아기에게 완벽한 자아 개념이 생겼다고 보기는 어렵다고 해요. 고프닉 교수는 같은 책에서 미국 루이지애나대학교 생물학자인 대니얼 포비넬리 교수가 다양한 연령대의 아기들을 데려다 각각 이마에 스티커를 붙이고 노는 모습을 영상으로 찍은 실험을 소개했습니다.

자아 개념이 발달한 아기들은 찍은 영상을 보여주니까 자기 이마에 아직 스티커가 있는지 확인하려고 바로 이마를 만져보았다고 해요. 영상 속에 있는 과거의 자신과 현재의 자신이 동일하다는 사실을 알고 있다는 의미지요. 또 영상 속 자신을 자기 이름으로 부르지 않고 '나'라고 지칭했대요.

실험 목적은 아니었지만 우리 아이도 비슷한 경험을 가끔 하게 됩니다. 어디 놀러 갔을 때나 집에서도 유독 귀엽게 놀고 있을 때는 카메라로 동영상을 찍어두는데, 그런 동영상을 아이에게도 보여주니까요. 세 돌 즈음에는 그렇게 동영상을 보여주고 누구냐고 물으면 신기해하며 자기 이름으로 대답하는 정도였어요. 그러다 네 돌쯤 되니 동영상 속 자신을 자기 이름으로 부르기도 하고, "나"라고 부르기도 하네요. 또 그게 자신의 과거 모습이고, 현재와는 다르다는 사실도 알고 있는 것 같아요. 점점 자아 개념이 발달하고 있다는 증거겠지요.

아이가 거울이나 동영상 속 아기가 자신이라는 사실을 언제 깨달았는지 알아채지 못하고 놓쳤다는 게 못내 아쉽습니다. 평소 아이의 사소한 말이나 행동이라도 하나하나 좀 더 세심히 살펴야겠다는 생각이 드네요. 아이가 얼마나 자랐는지, 어떤 점이 달라지고 더 발달했는지는 어떤 실험이나 검사법보다 엄마의 관찰로 가장 정확히 알 수 있을 테니까요.

# 우리 아이의 자아 개념을 확인해보자

생후 1~2개월
자기 몸이 중심이 되는 신체 활동을 반복한다.

2개월 무렵
모빌에 달린 줄을 당기려고 팔을 내밀거나 다리를 차는 등 자신이 어떤 일을 할 수 있다고 생각하고 그렇게 하기 위해 몸을 움직인다.

4~8개월
보이는 사물을 직접 움직이고 조종하려 한다.

18~24개월
거울이나 사진 속 자신을 알아본다.

만 2~3세
하고 싶은 것이나 자신의 기분에 대해 말할 줄 알고 다른 사람들이 자신의 마음을 볼 수 없음을 알게 된다.

만 4~5세
자신의 마음이 다른 사람과 다를 수도 있다는 것을 이해하기 시작한다. 물건 감추기 놀이를 할 때 자신이 물건을 숨긴 장소를 상대방이 잘 못 찾도록 유도하는 등 자신에게 유리하게 거짓말이나 지식을 사용할 줄 안다.

자료: 한국아동발달심리센터

남자는 자동차, 여자는 인형?

　　　　　　아이가 두 돌 무렵이었습니다. 매일 아침 아이를 어린이집에 데려다주시는 시어머니께서 하루는 기분이 상해 오셨어요. 어린이집에서 만난 다른 아이의 할머니 때문이었습니다. 자초지종은 이랬어요.

　우리 아이가 어린이집에서 소꿉놀이 장난감을 갖고 요리를 한다며 종알종알 놀고 있었어요. 손녀를 데려다주러 어린이집에 찾아온 한 할머니가 우리 아이를 보더니 웃으며 "남자애가 벌써 요리를 하네. 나중에 커서 사랑받겠다"라고 하셨답니다. 이 이야기에 어머니가 마음이 상하신 거죠.

　사실 비슷한 일이 집에서도 있었어요. 아이가 한동안 냄비며 프라이팬이며 국자 같은, 부엌에서 쓰는 도구를 갖고 노는 걸 재미있어했지요. 그래서 "아예 소꿉놀이 세트를 하나 사 줄까 한다"라고 무심코 어머니께 말씀드린 적이 있어요. 평소에는 아이에게 장난감 사 주는 데 전혀 인색하지 않으신 어머니께서 그때는 유난히 강하게 반대하셨지요. 남편도 마찬가지였어요. 주말에 장을 보려고 아이를 데리고 함께 마트를 돌아다니다 아이한테 부엌놀이 장난감이라도 사 줄까 물으면 "안 된다", "싫다"라고 딱 잘라 말하곤 했지요.

어머니나 남편은 남자아이가 가지고 놀 장난감은 자동차나 로봇, 공 같은 것이어야 한다고 생각합니다. 물론 이런 장난감도 아이가 좋아하긴 했어요. 특히 마음에 드는 자동차나 로봇은 손에서 내려놓질 않았으니까요. 지금도 그렇고요. 하지만 두 돌 즈음에는 소꿉놀이도, 인형도 좋아했어요. 밤에 잘 때 커다란 곰 인형을 옆에 눕혀 놓을 정도였으니까요.

아이가 자신이 남자인지 여자인지를 터득하는 시기는 생후 18개월 이전이라고 합니다. 생각보다 훨씬 빠르지요. 전문가들은 아이가 만 세 살쯤 되면 사람을 '남성군'과 '여성군' 두 그룹으로 나누고 역할도 구분할 줄 안다고 설명합니다. 그러니까 생후 18개월까지는 '젠더 아이덴티티(사회적 성 정체성)', 만 세 살까지는 '젠더 롤(사회적 성 역할)'이 형성되는 시기라는 거예요.

이쯤 되니 우리 아이가 자라는 환경을 다시 생각해보게 되었지요. 아이와 가장 많은 시간을 보내는 사람이 집에서는 할머니와 엄마, 어린이집에서는 교사예요. 모두 여성입니다. 아이 아빠는 회사 일로 평일에는 밤에 한

두 번 얼굴을 볼까 말까 합니다. 아이가 젠더 롤을 헷갈려 하나 싶은 생각도 들었어요.

물론 여성학자들 사이에서는 젠더 롤에 대해 비판하는 목소리도 많습니다. 남자아이와 여자아이의 장난감을 구분하는 것 자체가 남녀 성향에 대한 어른들의 고정관념이며, 어릴 때부터 굳이 남녀 차별적인 역할을 아이에게 심어줄 이유는 없다는 말이지요.

이런 논의들이 나오게 되는 배경 중 하나가 아마 우리 사회에 여전히 뿌리 깊이 남아 있는 남아 선호 사상이 아닐까요? 학계에서는 여아 100명당 남아 수가 103~107 정도면 정상적인 성비性比로 봅니다. 지난 2009년 국내 한 연구 기관이 내놓은 보고서를 보면, 우리나라 셋째 아이의 출생 성비는 115.8, 넷째 아이 이상은 123.9로 나타났습니다. 남자 아이가 훨씬 많지요.

그래서 보고서에서는 약 5년 뒤 결혼 적령기 남성 열 명 가운데 두 명은 혼자 살아야 한다고 예상했어요. 2014년엔 결혼 적령기 남성이 여성보다 19.9퍼센트나 많아진다는 겁니다. 우리 아이가 결혼할 나이쯤 되면 이 차이가 과연 어떻게 될지 모르겠네요.

잘 알려져 있듯이 생물학적으로 성별을 결정하는 건 와이Y염색체입니다. 성을 결정하는 염색체 한 쌍 중에 와이염색체가 있으면 거의 대부분 남자XY가, 없으면 여자XX가 되지요. 아주 드물게 생기지만 성염색체가 엑스염색체 하나만 있는 사람XO은 외모가 여성에, 성염색체가 하나 더 많은 사람

XXY은 남성에 가깝다고 해요. 이쯤 되면 와이염색체가 뭔가 대단한 실력을 갖고 있는 것처럼 보일 수 있어요. 엑스염색체는 여성 염색체, 와이염색체는 남성 염색체라고 단순하게 나눠 생각하기도 쉽고요.

하지만 실제로는 달라요. 우리 몸에서 많은 남성적 기능이 엑스염색체에서 이루어지거든요. 한 예로 남성의 전립샘암과 관련된 유전자들이 바로 엑스염색체에 존재하지요. 정자의 기능을 조절하는 여러 유전자도 엑스염색체에 있다고 알려져 있어요.

2000년대 중반 과학자들은 엑스염색체와 와이염색체에 있는 유전자 가운데 실제로 활동하는 게 얼마나 되는지를 밝혀냈어요. 엑스염색체에는

활성 유전자가 약 1,100개나 있는 데 비해 와이염색체에는 40개밖에 없다는 거예요. 활동하지 않는 유전자는 몸 안에서 생리 현상을 일으키지 못합니다. 와이염색체가 성별을 나누는 임무에 매달리는 동안 엑스염색체는 더 많은 생명현상을 조절하고 있다는 이야기입니다.

그래서 최근 많은 생물학자가 와이염색체에서 엑스염색체 연구로 눈을 돌리고 있지요. 엑스염색체의 무게는 1,000조분의 169그램 정도라고 합니다. 사람 몸을 이루는 세포가 약 20조 개라고 치면 남자는 약 3.4그램, 여자는 그 두 배만큼 엑스염색체를 갖는 거죠. 이 무게가 잘못되면 여러 가지 병에 걸릴 수도 있대요.

영국 케임브리지대학교 해부학자인 데이비드 베인브리지는 그의 저서 《X염색체의 비밀》에서 "와이염색체는 성별을 결정하고, 엑스염색체는 생존을 좌우한다"라고 했습니다. 과학계는 이럴진대, 우리 사회 일부에서는 아직도 와이염색체를 유달리 선호하고 있지요. 우리 아들들의 삶은 와이염색체보다 엑스염색체에 더 많은 영향을 받습니다. 그리고 그 엑스염색체를 아들에게 전해준 건 아빠가 아니라 엄마입니다.

손으로 글씨를 써야 하는 이유

아이가 두 돌 하고도 한참 지났을 즈음 휴일에 미술관에 데려간 적이 있어요. 어린이집에서는 다양한 놀이를 하는데, 색연필이나 크레파스로 그림과 글자를 그려보는 미술 활동에 우리 아이가 또래 친구들보다 관심이 덜한 것 같다는 이야기를 교사에게 들었거든요. 훌륭한 미술 작품을 보여주면 혹시 아이가 그림에 좀 더 관심을 보일까 싶기도 했고 정서 발달에도 좋을 것 같다고 생각했어요.

하지만 결과는 예상 밖이었어요. 색깔이 어둡거나 모양이 추상적인 현대미술 작품들을 본 아이는 오히려 무섭다며 착 달라붙어 떨어지지 않으려 했으니까요. 하는 수 없이 몇 군데 둘러보다 간식만 사 먹고 집으로 돌아왔습니다. 그때만 해도 우리 아이가 원래 미술에 별로 관심이 없나보다 싶었지요.

그런데 40개월 전후쯤 되니 조금씩 달라졌어요. 어린이집에서 매일 아이 생활을 기록하는 수첩에 교사가 "요즘 부쩍 미술 활동을 좋아하네요"라고 적어 보내왔거든요. 변화는 집에서도 분명히 나타났어요. 네모, 세모 같은 도형을 그리고 선도 꽤 반듯하게 그리기 시작했어요.

그래서 아예 책도 몇 권 사 줬지요. 도형이나 사물, 글씨가 그려져 있어서 따라 쓰거나 색칠할 수 있게 만든 책 말이에요. 삐뚤삐뚤 그릴 때는 "에이, 이게 뭐야" 하면서 놀려주고 똑바로 그릴 때는 "우와, 진짜 잘했네" 하며 칭찬해주면 아이는 더 재미있어해요.

40개월 지나 가장 눈에 띄는 변화는 아이가 동그라미를 그리기 시작했다는 거예요. 아이가 스케치북에 그려놓은 동그라미를 보면 완전히 동그랗지는 않지만 그래도 딱 보면 원을 그린 거구나 하고 알 수 있지요. 그 전까지는 매번 실패했거든요.

어린아이가 동그라미를 그릴 수 있게 되는 평균 나이는 만 3세라고 합니다. 어른 눈높이에서는 그게 뭐가 그리 어려울까 싶지만, 사실 시작과 끝을 딱 맞춰 둥근 모양을 매끄럽게 만드는 건 아주 세밀한 손놀림이 필요한 작업이에요. 손가락을 그만큼 미세하게 움직일 줄 알아야 한다는 이야기지요.

손가락을 조금씩 벌리거나 몇 개만 모으거나 살짝 엇갈리게 하는 것 같은 미세한 움직임은 손등이나 손바닥에 있는 작은 근육 여러 개가 함께 만들어냅니다. 사람마다 조금씩 차이는 있지만 대부분 만 3세 정도는 돼야 이

런 소근육(내인근)이 본격적으로 발달하기 시작합니다.

　손가락을 전체적으로 구부리고 펴는 것처럼 큰 움직임은 손이 아니라 팔뚝에 있는 근육이 만들어요. 이런 대근육(외인근)은 소근육보다 더 어린 나이부터 발달해요. 어린 아기도 손가락을 구부려 장난감을 움켜쥘 수 있는 게 바로 이 덕분이지요. 나이 들어서도 대근육은 계속 발달합니다. 그래서 40대, 50대도 근력 운동을 하면 손아귀 힘이 세질 수 있어요.

　하지만 근력 운동을 한다고 해서 글씨를 더 잘 쓰게 된다거나 악기를 갑자기 잘 다루게 되지는 않죠. 글씨를 쓰거나 악기를 다루는 데 필요한 소근육은 어릴 때 주로 발달하기 때문입니다. 예를 들어서 바이올린 같은 악기를 연주하려면 아주 미세한 손놀림이 필요하지요. 이런 악기는 나이 들어 뒤늦게 배우기가 쉽지 않아요.

　어릴 때 소근육 발달이 무엇보다 중요한 이유는 또 있어요. 뇌의 인지 능력과 곧바로 연결돼 있기 때문입니다. 선을 따라 긋고 색칠을 하고 글씨를 쓰기 시작하면서 아이들의 고사리손이 뇌와 본격적으로 소통하게 된다고 해요. 손이나 손가락을 섬세하게 움직이려면 미세한 근육들을 모두 동원해야 하고, 그렇게 움직이는 신호를 뇌로 계속해서 보내고 받다보면 뇌 활동도 더 활발해질 수 있을 테니까요.

　갓난아기 때부터 빠르게 발달하는 대근육에 비해 조금 늦게, 천천히 발달하는 소근육은 성장 과정에서 발달 정도의 개인차가 클 수 있겠지요. 얼

손으로
글씨를
써야 하는
이유

마나 쓰고 어떻게 쓰느냐에 따라 인지능력에도 다른 영향을 줄 테고요. 전문가들은 레고처럼 작은 부품을 다루는 장난감이나 퍼즐 맞추기, 그림 그리기, 글씨 쓰기 같은 활동이 어릴 때 소근육 발달에 큰 도움이 된다고 조언합니다.

    2011년에 미국 인디애나 주 교육부가 초등학교 글씨 쓰기 교육을 선택과목으로 전환한다고 발표했어요. 글씨 쓰기를 배워도 되고 안 배워도 된다는 거죠. 글씨 쓰기 대신 컴퓨터 키보드 타이핑을 필수과목으로 지정했고요. 아이들 사이에서도 이메일이나 휴대전화 문자메시지가 보편화했는데 굳이 글씨 쓰기 교육을 꼭 받아야 하느냐는 게 이유였습니다. 글씨 쓰기 교육이 시대에 뒤처지고 시간 낭비라는 판단이 깔려 있는 듯했어요. 이에 대해 미국 내에서도 찬반이 극명하게 엇갈렸습니다. 적극 찬성하는 의견도 있었지만 정신문화와 인간성이 사라지고 아이들이 점점 디지털과 기술 문명에 매몰되어갈 거라는 우려도 컸지요.

    여러분은 어떻게 생각하세요? 어린 시절 바둑판처럼 생긴 국어 교과서에 기름종이를 오려 붙이고, 연필을 꼭 쥔 채 그 위로 글씨를 따라 쓰며 우리말을 익혔던 기억이 오롯합니다. 돌아보면 그 시간에 우리는 단순히 한글만 배운 건 아니었던 것 같아요. 글씨를 똑바로 쓰려면 연필을 어떻게 잡는 게 제일 좋은지, 어떤 자세로 책상에 앉아야 가장 편한지를 터득했지요. 또 다 쓸 때까지 엉덩이 붙이고 지긋하게 인내하는 태도, 모범 글씨체와 비슷하게 썼을 때의 뿌듯함, 페이지 아래쪽에 선생님이 '참 잘했어요' 도장을 찍어주셨을 때의 성취감도 얻었습니다.

　인디애나 주의 정책은 굳이 기술 문명이란 거창한 단어까지 동원하지 않더라도, 손으로 글씨를 쓴다는 게 아이들의 신체적, 정신적 성장에 얼마나 중요한 의미가 있는지를 간과한 결정일 것입니다.

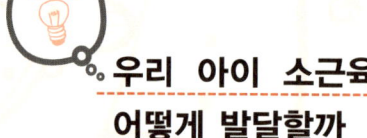

우리 아이 소근육 어떻게 발달할까

0~3개월
- 손에 물체가 닿아도 잡을 수 없어 밀기만 한다.
- 움직이는 물건 쪽으로 고개를 돌린 다음 잡으려고 어깨를 움직이지만 팔을 뻗지는 못한다.

3~6개월
- 손으로 물건을 잡고 논다.
- 매달려 있는 물건에 손을 뻗어 잡는다.

6~9개월
- 물체의 크기에 맞춰 잡고, 팔을 몸 중앙선에 교차해서 물건을 잡는다.
- 의도적으로 물건을 두드린다.
- 양손으로 물건을 잡고 입으로 가져간다.
- 우유병을 잡고 입에 넣기 위해 기울일 수 있다.

9~12개월
- 종이를 찢거나 구긴다.
- 고리 넣기, 뚜껑 열기, 책장 넘기기가 가능하다.

- 숟가락이나 크레파스를 잡으려고 한다.
- 스스로 컵을 들고 마시려 하지만 많이 흘린다.

12~18개월
- 마주 앉아서 공굴리기 놀이를 한다.
- 낙서 같지만 그리기가 가능하다.
- 간단한 탑 쌓기를 하려고 한다.
- 숟가락을 이용해 밥을 먹는다.
- 양말, 신발, 모자 등 간단한 것을 벗을 수 있다.

18~24개월
- 돌려서 손잡이를 연다.
- 우세한 손이 대략적으로 결정된다.
- 사탕 종이를 벗길 수 있고 책장을 한 장씩 넘긴다.
- 원 그리기와 수평선 긋기를 시작한다.
- 큰 지퍼를 스스로 내릴 수 있다.

24~30개월
- 가위질을 할 수 있다.
- 블록 세 개로 다리를 만든다.
- 빨대를 사용해 물을 마신다.
- 간단한 옷을 혼자 벗는다.

30~36개월
- 십자, 네모 모양을 그린다.
- 선을 따라서 가위질을 한다.
- 양팔을 크게 벌려 공을 받는다.
- 구슬을 꿸 수 있다.
- 단추를 채울 수 있고 어려운 옷이 아니면 입고 벗는다.
- 젓가락으로 반찬을 집어 먹는다.

만 3~4세
- 사각형을 그리고 삼각형 그리기를 시도한다.
- 사람을 세 군데 정도로 그린다.
- 블록으로 기차 모양 등 장난감 형태를 만들어 논다.

- 원이나 사각형 등 도형 내부를 색칠하려 한다.
- 신발의 왼쪽, 오른쪽을 구분하고 신발 끈을 대충 묶는다.
- 혼자서 대소변을 본다.
- 세발자전거를 탄다.

만 4~5세
- 연필을 어른처럼 쥘 수 있다.
- 마름모를 그린다.
- 보조 바퀴 달린 두발자전거를 탄다.

자료: 한국아동발달심리센터

뭘 하고 놀아줄까

　　　　　　　　　　과학의 눈으로 보면 세상에는 여러 종류의 시간이 존재합니다. 일상생활 속에서 항상 일정하게 흐르는 시간은 물리학적 시간이에요. 아인슈타인의 상대성이론에서는 관측자의 움직임이나 중력에 따라 시간이 빨라지기도 하고 느려지기도 하지만, 어쨌든 규칙을 따른다는 점에서는 마찬가지로 물리학적 시간이라고 할 수 있지요. 과거 어떤 철학자들은 물리학적 시간이 실체가 없다며 비판하기도 했어요. 사람들이 편의를 위해서 인위적으로 만들어낸 개념이라는 거예요.

　　물리학적 시간과 달리 사람의 몸에서는 생화학적 시간이 흐릅니다. 과학자들은 이 같은 몸속 시간의 흐름을 생체시계라고도 부르지요. 생체시계는 아이와 어른에게서 차이가 많이 납니다. 아이의 생체시계가 어른보다 빨라요. 단위 시간당 맥박이나 호흡이 어른보다 많습니다. 대사율이 어른보다 높기 때문이에요. 일정한 시간 동안 어른보다 더 많은 에너지를 소모한다는 소리입니다. 같은 만큼 음식을 먹어도 어른보다 아이가 더 금방 배가 고프다 하는 것도 이런 이유에서고요.

아이가 노는 모습을 가만 보고 있으면 생체시계가 나보다 훨씬 빠르다는 걸 실감할 수 있어요. 잠시도 쉴 틈 없이 이것저것 만지고 여기저기 오가지요. '저 녀석은 힘들지도 않나' 하는 생각이 번번이 들어요. 저더러 그렇게 움직이라면 얼마 안 돼서 나가떨어질 것 같으니 말이죠. 바로 조금 전까지만 해도 재잘거리고 뒹굴고 하다 눈 깜짝하고 나면 또 심심하다 하고, 마냥 좋다고 집이 떠나가라 깔깔거리다가 어느 새 냉장고 문을 열었다 닫았다 하며 "엄마, 뭐 먹을 거 없을까?" 하고 있지요. 이런 모습만 보면 아이가 어른보다 더 빠른 속도로 사는 것 같습니다.

생체시계가 빨리 가는 아이들에게는 상대적으로 세상이 참 느리게 움직이는 것처럼 보일 거예요. 한참 놀아주다가 "엄마 좀 쉬자" 하며 누우면 그새를 못 참고 또 놀아달라는 우리 아이 눈에는 엄마가 참 굼뜬 사람일지도 모르지요. 엄마가 자꾸 눕고 싶어지는 이유는 대사율이 나이가 들수록 줄어들기 때문이에요. 그래서 식사량도, 활동량도 점점 적어지고요. 나이 들수록 생체시계가 전반적으로 느려진다는 이야기입니다. 상대적으로 어른들은 몸 밖 세상의 움직임이 점점 빠르게 느껴지지요. 1년 쏜살같아요.

주말 이틀 동안 아이와 붙어 지내다보면 몇 시간 채 못 돼 난감해지지

요. 간지럼 태우기, 말타기, 비행기 태우기를 반복하다보면 팔다리가 쑤시고, 책을 계속 읽어주자니 입이 바싹 마를 지경이에요. 놀이터에 나가면 한두 시간은 기본입니다. 이렇게 마구잡이로 놀아주는 게 아이의 신체 발달이나 생체시계 흐름에 맞는 건지도 사실 잘 모르겠어요.

몇 해 전에 삼성어린이박물관이 자체적으로 운영하는 영유아놀이스쿨에 참가한 140여 명의 엄마들을 대상으로 설문 조사를 한 결과를 보내왔어요. 연령별로 어떻게 놀아줄 때 아이의 반응이 가장 좋았는지를 엄마들이 직접 답변한 조사였지요.

29개월 이전 아이들은 도구를 이용하는 신체 활동을 할 때 가장 좋아했다고 합니다. 예를 들어 솜을 구름 모양으로 뜯어 하늘로 날리거나, 바닥에 솜을 깔고 구름 위를 걷는 듯 뛰어다니는 식으로 말이에요. 돌 직후부터는 아이 몸에서 운동 능력이 빠르게 발달하기 시작해요. 그만큼 도구를 사용하거나 몸을 움직이는 데 몰두하게 된다는 의미입니다. 괜히 소파를 하루에도 수십 번씩 오르내리고 온 집 안을 뛰어다니는 게 아니죠.

30~35개월짜리 아이들은 미술 활동에 압도적인 반응을 보인 것으로 나타났어요. 예를 들어 다양한 색과 모양의 스티커 붙이기나 숨은그림찾기 같은 놀이 말이에요. 사실 우리 집도 벽이고 의자고 곳곳에 동물이나 자동차, 만화 캐릭터 스티커가 붙어 있지요.

36개월이 넘은 아이들은 설문 조사에서 인지나 언어 활동이 함께 이루어지는 놀이를 제일 좋아했습니다. 가게 놀이가 좋은 예지요. 엄마가 전화로 음식을 주문하면 아이는 주문 받은 음식(사진이나 장난감)을 가방에 담아 배달하는 식으로요. 이 과정에서 아이는 자신도 모르게 상대방과 대화하고 음식의 종류와 수를 기억하는 능력을 기를 수 있어요.

수많은 장난감과 책 가운데 뭘 골라야 할지, 어떻게 놀아주면 아이가 좋아할지 고민하는 초보 엄마들에게는 피부에 와 닿는 데이터입니다. 아이가 마음에 들어 하는 놀이일수록 아이의 신체 발달이나 생체시계에 잘 맞는다고 볼 수 있겠지요.

아이가 마음에 드는 놀이를 제대로 고른 주말, 저도 남편도 아이와 함께 한참 즐기다보면 하루가 후딱 지나가지요. 하지만 아이가 아픈 날이나 출근할 때 유난히 떨어지기 싫어했던 날이면 하루가 유달리 길어요. 그런 날에는 퇴근할 때도 버스가 평소보다 늦게 오는 것 같아 애가 타지요. 이런 시간은 물리학적 시간이나 생화학적 시간과 별도로 흐릅니다. 바로 심리학적 시간이에요. 심리학적 시간은 경험이나 시간에 대한 관심도에 따라 빨리 가기도 하고 늦게 가기도 합니다.

사람들은 이처럼 몸으로, 머리로, 마음으로 시간을 느낍니다. 정현종 시인은 '모든 순간이 다아 꽃봉오리', '내 열심에 따라 피어날 꽃봉오리' 라고 했어요. 우리 아이의 어린 시절, 다시 오지 않겠지요. 어릴 적 엄마와 놀았던 시간을 아이가 마음속에 오래 기억할 수 있게 해주고 싶습니다.

생후 100일,
깊어지는 잠

우리 아이는 보통 밤 11시에서 12시 사이에 잠자리에 듭니다. 10시 반쯤 "이제 코야 할 시간이지?" 하면서 슬슬 발동을 걸면 조금만 더 놀다 자겠다고 칭얼대지만, 결국 제 손에 이끌려 양치질을 하고 방으로 들어가지요. 이불을 펴고 같이 누워도 곧바로 얌전히 잠드는 법은 없어요. 엄마 팔을 베개 삼아 누운 채로 종알종알 궁금한 걸 물어보기도 하고 새로 산 장난감을 만지작거리기도 하고 책을 읽어달라, 이야기를 해달라 조르기도 해요.

그렇게 아이와 누워 도란도란 이야기하다보면 어느새 아이가 하품을 하며 제 품으로 파고들지요. 바로 그 타이밍에 불을 끄고 엉덩이를 토닥토닥 두드려주면 아이는 금방 쌔근쌔근 잠이 듭니다.

엄마가 된 뒤 온전히 나만의 시간을 가질 수 있는 건 하루 중 이때뿐이지요. 아이가 잠든 걸 확인하면 살짝 스탠드 불을 켜고 책을 읽거나 못 다한 일을 하거나 텔레비전을 보며 1시간가량 짤막한 자유를 만끽하곤 합니다. 종종 아이를 재우다 엉뚱하게도 제가 먼저 잠들어버리기도 하지만요. 그렇게 잠든 다음 날 아침 눈을 뜨면 전날의 자유를 누리지 못한 아쉬움이 진하게 남아요.

이 자유가 허락된 건 백일이 지나고부터였던 걸로 기억합니다. 그 전까지 아이는 한밤중이건 새벽이건 수시로 자다 깨다를 반복했으니까요. 물론 덩달아 저도 그래야 했고요. 신생아를 둔 부모라면 누구나 한번쯤 겪어본 고충이지요.

밤이건 낮이건 자다 깨다를 반복하는 신생아의 독특한 수면 패턴은 뇌 과학자들에게도 흥미로운 연구 소재입니다. 우리가 깨어 있을 때 뇌에서는 주로 베타파라는 뇌파가 나와요. 베타파를 포착해 그려보면 간격이 촘촘하고 키(진폭)가 작고 속도가 빠른 특징이 있어요. 깨어 있는 동안에는 많이 생각하고 움직이는 만큼 뇌 활동이 활발하기 때문이지요. 뇌의 여러 영역들이 각기 자기 기능을 수행하면서 내는 신호가 한데 뒤섞여 나오는 뇌파가 바로 베타파입니다.

잠자리에 누워 눈을 감은 채 아무 생각 하지 않고 잠을 청하면 베타파보다 주파수가 낮은 알파파가 나와요. 기록된 알파파의 모양은 마치 빗살무늬 같아요. 과학자들은 이때까지는 깨어 있는 상태로 봅니다. 본격적으로

잠이 들면 뇌파의 주파수는 점점 더 느려지고 진폭은 커지지요.

그런데 깊은 잠에 빠져들면 우리 뇌에서는 모양이 독특한 뇌파가 측정된다고 해요. 이때 기록되는 뇌파는 갑자기 아래위로 뾰죽하게 솟아오르거나 일시적으로 실이 감겨 있는 것처럼 촘촘해지는 모양새예요. 과학자들은 이들 뇌파를 각각 '케이 복합체K-Complex'와 '수면방추'라고 부릅니다.

특히 업어 가도 모를 만큼 깊이 자는 사람의 뇌에선 이들 뇌파가 뚜렷하게 나타난다고 알려져 있어요. 이를 근거로 과학자들은 케이 복합체와 수면방추 뇌파가 잠을 쉽게 깨지 않게 돕는다고 추측하지요. 실제로 자는 사람 옆에서 큰소리로 이름을 부르거나 물건을 떨어뜨리면 뇌에서 케이 복합체와 수면방추가 나타난다고 합니다. 또 사람들은 케이 복합체와 수면방추가 나타난 뒤에야 완전히 깊은 잠에 빠져요. 그러면 가장 느리고 가장 키가 큰 뇌파가 나오지요.

케이 복합체와 수면방추가 뇌파에서 나타나기 시작하는 시기는 보통 생후 3개월 이후라고 전문가들은 설명합니다. 신생아의 뇌파에는 케이 복합체와 수면방추가 없다는 이야기지요. 깊은 잠을 유도하는 뇌파가 아직 형성되지 않았다는 의미이기도 하고요. 그러니 신생아들이 수시로 자다 깨다를 할 수밖에 없겠죠.

인위적으로 뇌파에서 수면방추를 만들어주는 약도 있어요. 바로 수면제예요. 하지만 수면제를 먹어서 생기는 수면방추는 자연적으로 나타나는 수면방추와 조금 다릅니다. 발생하는 타이밍이나 뇌파의 간격 등에 차이가 있지요. 그래서 인위적으로 만들어진 수면방추는 되레 잠이 더 깊이 들지 못하도록 방해하는 걸림돌이 될 수 있다는 게 전문가들의 분석입니다.

최근에는 케이 복합체와 수면방추가 뇌 기능을 안정시키고 기억력을 강화한다는 연구 결과가 발표되기도 했어요. 아이가 잠을 잘 자야 공부도 잘한다는 이야기가 설득력을 얻을 수 있는 대목입니다. 뇌파의 변화 덕분에 아기의 잠이 깊어지고 뇌가 안정되기 시작하는 백일, 초보 엄마, 아빠의 일상도 점점 제자리를 찾아가게 됩니다.

잠에도 단계가 있어요

잠들기 직전
눈을 감고 아무 생각 없이 누워 있는 상태. 뇌에서 주파수가 8~13헤르츠Hz인 알파파가 나온다. 이때까지는 깨어 있는 걸로 본다.

1단계 수면
언제든지 깰 수 있을 정도로 잠이 얕게 든 상태. 주파수가 2~7헤르츠인 세타파가 나온다.

2단계 수면
깊은 잠에 접어드는 상태. 세타파 중간 중간 케이 복합체와 수면방추가 나타난다.

3단계 수면
완전히 깊은 잠에 빠진 상태. 나오는 뇌파의 20~50퍼센트가 주파수 0.5~2헤르츠인 델타파다.

4단계 수면
뇌파의 절반 이상이 델타파다.

김밥에서 무슨 냄새가?

우리 아이는 잠자리에 들 때 꼭 제 팔을 뱁니다. 보통 밤 11시쯤 불을 끄고 둘이 함께 자리에 누우면 아이는 버릇처럼 "엄마, 팔베개" 하지요. "이제 아가도 아닌데 엄마 팔 말고 베개를 베고 자야지" 하고 타이르며 팔을 슬쩍 빼려 하면 아이는 누운 채로 고개를 들고 바둥거리며 그래도 팔베개해달라고 칭얼댑니다.

매일 밤 아이는 그렇게 팔을 베곤 제 옆에 찰싹 달라붙어 누워요. 아이를 토닥토닥 재우다가 쌔근쌔근 소리가 들리면 살짝 아이 머리를 들어 팔을 빼낸 다음 대신 베개를 받쳐줍니다. 팔 대신 베개를 밀어 넣을 때 아이가 가끔은 눈을 감은 채 고개를 들고 낑낑거리지요. 선잠이 들었는지 잠결에도 엄마 팔이 아니란 걸 알아채는 모양이에요. 팔 빼는 걸 잊고 아이와 같이 그냥 잠이 들어버릴 때도 부지기수지요. 그런 밤엔 팔이 하도 저려 새벽녘에

꼭 한두 번씩 깨게 돼요.

출장이 잡혀 며칠씩 집을 비울 때 타지에서 가장 많이 생각나는 게 아이와 함께 잠드는 순간입니다. 제 팔을 베고 누운 아이를 품에 쏙 들어오게 끌어당겨 자장자장 하다보면 코끝으로 아이 냄새가 전해지지요. 팔이 허전한 출장지 잠자리에선 그 냄새가 그렇게 그리울 수가 없어요.

냄새는 사람의 감정을 자극할 수 있습니다. 코와 뇌가 냄새를 알아채는 후각 인식 과정에 뇌에서 정서와 기억을 담당하는 영역인 변연계가 관여하기 때문이에요. 이성에게 끌릴 때 외모나 목소리뿐 아니라 알게 모르게 냄새도 큰 몫을 할 거라고 과학자들이 추측하는 이유입니다.

우리 몸에서 냄새를 처음 인식하는 건 코 안쪽 점막에 있는 단백질 덩어리인 후각수용체예요. 냄새를 내는 화학물질을 이 후각수용체가 감지해 그 정보를 뇌로 전달하는 겁니다. 사람이 구별하는 냄새는 줄잡아 1만 가지는 된다고 알려져 있지요. 그런데 후각수용체는 이에 훨씬 못 미치는 수백 개 정도뿐이에요. 도대체 그 많은 냄새나 화학물질을 턱없이 적은 후각수용체가 무슨 수로 구별할까요?

과학자들의 의견은 크게 둘로 나뉘어요. 후각수용체가 냄새를 내는 화학물질이 갖는 독특한 형태를 감지한다는 이론과 화학물질이 내는 고유한 진동을 감지한다는 이론입니다. 지금으로서는 형태이론이 좀 더 우세한 분위기인 것 같아요. 형태이론을 정립한 미국 컬럼비아대학교 리처드 액설 교수와 프레드허친슨암센터 린다 벅 박사가 2004년에 노벨 생리의학상을 받기도 했으니까요.

형태이론은 냄새를 일으키는 화학물질 분자가 후각수용체를 만나 마치 열쇠와 자물쇠처럼 짝이 딱 맞게 달라붙으면 뇌로 신호가 간다고 설명합니다. 사람의 뇌는 바로 이 신호를 받아들여 어떤 냄새인지를 인지한다는 거죠. 여러 냄새 분자가 구조에 따라 서로 다른 후각수용체에 달라붙으니 그때마다 뇌는 다른 냄새로 인식할 수 있다는 원리예요.

형태이론은 천연 냄새 물질에 비교적 잘 들어맞는다고 해요. 자연에 존재하는 냄새 물질들은 형태가 비슷하면 냄새도 비슷한 경우가 많기 때문입니다. 하지만 인공적으로 합성해 만든 냄새 물질 중에는 형태가 유사한데도 전혀 다른 향을 내는 것들이 적지 않아요. 이런 사실이 알려지면서 진동이론을 지지하는 목소리도 점점 커지기 시작했지요.

진동이론은 후각수용체가 냄새 물질 분자의 구조가 아니라 진동수를 인식한다는 이론입니다. 분자를 이루는 원자들은 미세하게 진동하는데 주변에서 어떤 화학반응이 일어나느냐에 따라 다양한 진동 패턴을 만들어낸다고 해요. 우리 뇌가 이 패턴을 파악해 냄새를 구별한다는 이야기지요.

아이 뇌에서도 이런 후각 인식 메커니즘이 이미 작동하고 있나봅니다. 엄마 냄새를 잘 기억하는 걸 보면 말이에요. 어린이집에서 소풍 가는 날이었지요. 변변치 못한 솜씨지만 정성 들여 김밥을 싸 보냈어요. 소풍 갔다 집

에 돌아온 아이에게 "김밥 어땠어? 맛있었어?" 하고 물으니 "응, 김밥이 엄마 냄새 같았어요" 하는 거예요. 소풍날 새벽부터 김밥 싼다고 부산 떠느라 참기름 묻은 손을 제대로 씻지도 못하고 아이를 깨웠더니 그날 아침 아이 머릿속에 아마 '참기름 냄새는 엄마 냄새'로 기억된 모양이에요.

그러고 보니 아이와 제가 기억하는 서로의 냄새가 화학물질 형태일지 진동일지 자못 궁금해집니다. 냄새를 둘러싸고 당분간 계속 이어질 것 같은 과학자들의 대결 역시 더욱 흥미진진하고요.

비교하지 마세요

우리 아이는 만으로 두 살 때부터 어린이집에 다니기 시작했어요. 직장에 나가 있는 동안 아이를 돌보아주시는 시어머니와 상의한 끝에 내린 결론이지요. 어머니 건강과 아이 교육을 비롯해 우리 가족이 맞닥뜨린 여러 상황을 조합해보니 그렇게 하는 것이 좋겠다 생각했어요.

아이가 어린이집에 들어가기 전에 신입생 엄마들을 대상으로 오리엔테이션이 있었습니다. 퇴근 후 오리엔테이션에 참석하러 가는 초보 엄마의 마음은 중요한 취재 현장에 나갈 때만큼이나 긴장됐지요.

어린이집 원장은 아이가 어린이집에서 처음 보내는 3월이 아이와 엄마에게 가장 중요한 시기라고 했어요. 그 시기를 어떻게 보내느냐에 따라 앞으로 단체 생활에 대한 적응도가 달라진다고 말입니다. 처음으로 가족과 떨

어져 낯선 환경에 혼자 놓인다는 건 아이에게 큰 스트레스일 테니까요. 원장은 처음에는 엄마를 붙잡고 울거나 데굴데굴 구르며 떼를 쓰는 등 아이들은 당연히 자신이 할 수 있는 모든 방법을 동원해 그 스트레스를 피하려 한다고 설명했어요.

전문가들은 어린이집에 처음 오는 아이들이 대체로 보름에서 한 달 정도는 이런 행동을 반복한다고 분석합니다. 그러나 한 달 넘게 행동에 계속 변화가 없으면 분리불안장애가 아닌지 의심해볼 수 있다고 해요. 분리불안장애는 아이와 떨어지는 과정에서 오히려 보호자의 잘못된 행동 때문에 나타나는 경우가 많아요. 처음부터 아이를 억지로 떼어 놓으려 하거나 아이가 찾을까 걱정돼서 몰래 출근하는 행동 등이 초보 엄마들이 흔하게 범하는 잘못이라는 겁니다. 평소와 다른, 엄마의 어색한 행동이 아이를 더욱 불안하게 만들기 때문이지요.

일단 단체 생활을 해야 한다는 현실에 적응하고 나면 아이는 또 다른 스트레스를 경험하지요. 학자들이 이른바 단체생활증후군이라고 부르는 현상입니다. 감기나 변비, 장염, 결막염 같은 증상은 단체생활증후군을 겪는 아이들에게 단골로 찾아와요. 하지만 대부분 잠깐이에요. 아이가 단체 생활을 마친 뒤 집에 돌아와 손발을 깨끗이 씻고 잠을 충분히 자면 점차 나아질 수 있다는 게 전문가들의 설명이에요.

오리엔테이션에서 원장은 적응 기간 동안 진행될 아이들의 일과표를 소개하며 협조를 신신당부했어요. 처음 며칠은 한두 시간 정도 아이와 함께 어린이집에서 놀아주고, 출근할 땐 아이와 꼭 눈 맞추며 인사하고 헤어지랬지요. 아이 손톱이 길지 않은지 꼭 살펴달라고도 했어요.

다행스럽게도 우리 아이는 어린이집에 원만히 적응해갔습니다. 아이를 어린이집에 보내고 나서 처음으로 담임 교사와 상담한 날은 아마 오랫동안 기억에 남을 것 같아요. 상담이 무에 그리 대수냐 할 수도 있겠지만 학생이나 기자가 아니라 학부모로서 교사를 만나는 게 처음인 초보 엄마는 떨리고 긴장하지 않을 수 없었으니까요.

먼저 교사는 우리 아이가 어린이집에서 매일 어떻게 지내고 있는지 조목조목 설명했어요. 우리 아이는 미술보다 글자 놀이를 좋아하고, 처음 하는 놀이에는 경계하며 조심스럽게 다가간다고 하더군요. 또 말하기나 대소변 가리기는 빠른 편이지만 혼자 밥 먹는 데는 아직 서툴다고도 했어요. 아이의 작은 행동 하나하나까지 꼼꼼히 관찰하고 기록해둔 교사의 노트에는 엄마인 제가 알아채지 못한 우리 아이의 모습이 담겨 있었어요. 그동안 엄마로서 게을렀던 건 아닌가 반성도 잠시 했지요.

설명이 끝난 뒤 교사가 궁금한 걸 물어보라 했어요. 저는 조심스럽게 우리 아이가 다른 아이들에 비해 욕심이 많고 고집이 센 것 같은데 친구들과 잘 어울리는지, 싸우지는 않는지 걱정된다고 이야기했지요. 교사의 설명대로 처음 본 장난감을 유독 낯설어하면 다른 아이들보다 덜 적극적인 성격

은 아닌지도 궁금했고요.

　교사는 웃으면서 "다른 엄마들도 대부분 비슷하게 질문한다"라고 했어요. 두 돌 갓 지난 그때 나이에는 다른 아이와 비교하기보다 그냥 우리 아이가 어떤 아이인지를 아는 게 더 의미 있다는 소리였습니다. 그러고 보니 제 질문이 대부분 다른 아이와 우리 아이를 비교하는 내용이었더군요.

　갓 태어난 아기의 뇌를 구성하는 신경세포는 수도 적고 배열도 엉성합니다. 그러다 3개월쯤 지나면 신경세포가 본격적으로 늘기 시작해 뇌 속에서 빽빽한 그물망을 형성하지요. 이를 근거로 과학자들은 생후 3개월 동안 아기가 접한 주변 환경이 뇌의 기본 골격을 갖추는 데 결정적인 영향을 끼친다고 설명해요.

　엄마, 아빠의 목소리와 손길, 우유와 옷 냄새, 집 안의 소리와 색깔 등이 저마다 다른 환경에서 태어나고 자란 아이들은 뇌 신경세포 그물망의 기본 골격 역시 조금씩 다르게 형성될 수밖에 없어요. 때문에 어떤 아이는 처음 본 거라도 척척 기억하고, 어떤 아이는 유달리 소리에 민감하고, 어떤 아이는 손재주가 남다르게 성장하겠지요. 이는 발달 과정에서 생기는 자연스러운 차이일 뿐 굳이 어릴 때부터 비교해야 할 대상이 아닌 겁니다. 같은 놀이, 같은 행동이라도 우리 아이 뇌는 다른 아이 뇌와 다른 경로로 받아들일 수 있지요. 다른 아이들과 비교하는 게 의미 없는 이유입니다.

엄마,
꼬추 검사 한 거야?

하루는 아침에 출근하려는데, 시어머니께서 잠깐 하실 말씀이 있다며 부르셨어요. 며느리에게 어렵게 꺼내신 이야기는 병원 좀 알아보라는 거였습니다. 우리 아이 고환을 한번 진찰받아보자 하시면서요. 전혀 생각지도 못했던 말씀에 깜짝 놀라 이유를 여쭸지요. 얼마 전에 놀이터에서 아이와 함께 놀던 어린이집 친구가 소변 보는 모습을 어머니가 우연히 보셨는데, 그 아이는 음낭이 통통했지만 우리 아이는 홀쭉했대요. 집에 돌아와 시아버지께 보였더니 아이의 한쪽 고환이 제자리에서 만져지질 않는다고 하셨다는 거예요. 오빠나 남동생 없이 자매들끼리 자란 저로서는 생전 처음 듣는 이야기였습니다.

일단 출근해서 급한 일을 처리한 다음 곧바로 이 증상에 대해 알아보기 시작했어요. 가족들 판단이 맞다면 잠복고환(정류고환)이 거의 확실한 것 같

았습니다. 그러고 보니 예전에 비뇨기과를 취재할 때 한번 들어본 기억이 났어요. 그때는 그냥 그런 증상도 있나보다 하고 대수롭지 않게 지나쳤지요. 하지만 그게 남 일이 아니라 우리 아이 일이 될지 모르는 상황이 닥치니까 온갖 생각에 머릿속이 복잡해졌습니다.

남자아이의 고환은 엄마 배 속에서 2개월쯤 됐을 때 아이의 신장 근처에서 만들어집니다. 그러니까 처음에는 아이의 고환이 음낭이 아니라 배 속에 있었던 거죠. 그러다 태아가 4개월쯤 되면 고환이 정상 모양으로 발달해 사타구니 근처까지 내려와요. 7개월 정도까지 거기서 머물다 또 점점 내려와 태어날 때는 정상 위치에 가 있게 됩니다. 태어나기 전까지 고환은 계속 태아의 몸속에서 이사를 다니는 셈이죠.

그런데 왜 그런지는 아직 잘 모르지만 가끔은 고환이 제자리를 제대로 찾지 못하기도 해요. 태어난 뒤에 보니 고환이 그대로 배 속에 남아 있거나 내려오다 말고 자리를 잡아버리는 식으로 말이에요. 이게 바로 잠복고환입니다. 일종의 선천성 기형인데, 비교적 흔한 편이라지요. 남자아이 1,000명 중 여덟 명 꼴로 나타난다고 알려져 있어요.

고환이 제자리로 반드시 내려와야 하는 이유는 온도 때문입니다. 고환은 생식에 필요한 정자를 만들어내는 기관이지요. 고환이 정자를 잘 생성하려면 시원한 곳에 있어야 해요. 음낭 안의 온도는 체온보다 보통 2, 3도 낮습니다. 결국 고환이 제구실을 가장 잘할 수 있는 곳을 찾아가는 셈이죠.

잠복고환 상태가 계속될수록 고환은 필요 이상으로 따뜻한 곳에 오래 있게 되지요. 배 속에 오래 있을수록 고환은 모양이 비정상적으로 변하거나 기능을 잃어버릴 가능성이 커져요. 그대로 두면 사춘기 이후 남성 불임이나 고환암 위험마저 생기지요. 빨리 발견해 치료해주는 게 최선입니다.

확실한 치료법은 수술이에요. 배 속에 있는 고환을 찾아내 상태를 확인한 다음 괜찮으면 제자리로 직접 내려주는 겁니다. 상태가 좋지 않으면 아예 빼내야겠지요. 다만 태어날 때 고환이 음낭까지 내려오지 않았어도 생후 6개월에서 1년 정도 기다리면 내려오는 경우도 간혹 있다고 해요. 그래서 전문의들이 권하는 수술 시기는 태어난 뒤 6개월에서 1년 사이입니다. 생후 6개월 이후여야 전신마취 위험성이 크게 줄기 때문이기도 해요. 고환을 제자리로 돌려놓는 건 그리 어렵지 않은 수술이지만, 그래도 전신마취가 필요하거든요.

이런 사실들을 취재하고 나니 겁이 덜컥 났습니다. 우리 아이는 네 돌이 훨씬 지났으니까요. 고환이 하나만 있어도 기능을 못하는 건 아니지만, 그래도 나중에 아이가 알게 되면 상실감이 얼마나 클까, 당장 저 어린것을 어떻게 수술시킬까, 별별 불안한 시나리오들이 머리에서 마음에서 계속 떠나질 않았습니다.

부랴부랴 급하게 소아비뇨기과를 찾았지요. 시부모님도 너무 걱정하신 나머지 집에 계시지 못하고 따라 나서셨습니다. 아이가 무서워할까봐 걱

정하는 모습 비치지 않고 손 꼭 잡고 부러 웃으며 신 나게 씩씩하게 진료실로 들어갔어요. 속으로는 수십 번 수백 번 기도하는 마음으로요.

아이를 침대에 눕힌 의사가 음낭을 상세히 살펴보더니 윗부분을 살짝 눌렀습니다. 그런데 동글동글한 게 거짓말처럼 아래쪽으로 쏙 하고 내려오는 거예요. 옆에서 숨 죽이며 지켜보고 있던 어머니와 제 입에서 동시에 "어?" 하는 소리가 튀어나왔어요. 의사는 음낭 양쪽을 만져보더니 활짝 웃으며 지극히 정상이라고 했습니다.

"분명히 집에서는 동그란 게 보이질 않고 그 자리가 홀쭉했는데……" 하고 놀라시는 어머니께 의사는 차근차근 설명을 시작했어요. 이 또래 아이들은 워낙 움직임이 많고 다치기 쉽기 때문에 평소에 고환이 살짝 위쪽으로 올라가 있는 경우가 많다고 말이에요. 음낭 아래쪽에는 고환 아래와 위로 근육이 연결돼 있어요. 이들 근육이 늘었다 줄었다 하면서 고환을 아래위로 움직이는 거지요. 아이가 어릴 땐 고환이 자기 자신을 보호하기 위해 이 근육을 이용해 살짝 위로 올라갔다 내려왔다 한다는 이야기입니다. 그러다 아이가 초등학교 들어갈 때쯤 되면 고환이 거의 제자리에 머물게 된다고, 걱정할 것 없다고 의사는 설명해주었어요.

아이고, 말 그대로 십년감수했습니다. 진료실을 나오기가 무섭게 "의사 선생님이 아무렇지도 않대!" 하면서 아이와 하이파이브까지 했지요. 아이는 "엄마, 꼬추 검사 한 거야?" 라며 뭐가 그리 재미있는지 싱글벙글했어요. 그런데 따라 나오시는 어머니가 눈시울이 붉어지시더니 진료실 문을 닫자마자 가방에서 손수건을 꺼내셨네요. 얼마나 마음을 졸이셨던 걸까요.

그사이 할머니 가방에 사탕도 있다는 사실을 아이가 용케 알아챘어요. 할머니 옆에 찰싹 달라붙어서 애절한 눈빛으로 "사탕 주세요" 하는 걸 어머니는 거절을 못 하셨지요. 평소 같으면 제가 쫙 째려보면서 "사탕 주면 엄마 말 잘 들을 거지?", "오늘은 이게 마지막 사탕이지?" 하고 조건들을 달았겠지만, 그날만은 모른 척했습니다. 큰 병치레 않고 건강하게 자라주는데 사탕이 무슨 대수냐 싶은 마음에서요.

요즘은 남자아이가 태어나면 병원에서 알아서 잠복고환인지 아닌지 검사를 한다고 합니다. 별 문제가 없으면 부모에게 특별히 이야기하지 않는 듯해요. 그래도 엄마라면 알고는 있어야 할 것 같아요. 유아들 고환은 아래위로 조금씩 움직여 다니기도 한다는 사실을요.

건강
다이어리

아이 지켜주기

먹고 마시기

습관 만들기

선택에 내몰린 엄마

누가 깨우지도 않았는데 자다 말고 눈이 뜨였습니다. 새벽 5시. 본능처럼 옆에서 자는 아이부터 살폈지요. 아뿔싸, 말 그대로 불덩이였어요. 순간 잠이 확 달아났습니다. 그때가 2009년 11월이었어요. 세계보건기구WHO가 같은 해 6월 신종플루(신종 인플루엔자A H1N1) 대유행을 선언한 뒤 2010년 봄까지 온 세상이 신종플루 열병을 앓았습니다.

당시 두 돌도 지나지 않은 아이가 열이 오르니 머릿속에선 오만 가지 생각이 스멀스멀 뒤엉키기 시작했지요. 체온계에 나타난 숫자는 39. 마음은 점점 다급해져만 갔습니다. 일단 아이를 깨워 해열제를 먹이고 날이 밝자마자 가까운 소아과로 내달렸어요. 의사는 "목이 부었는데, 보통 감기인지 신종플루인지는 아직 모른다"며 일단 감기약을 먹여보자고 했어요. 처

방받은 약을 먹이고 출근은 했는데, 아무래도 불안했습니다.

결국 퇴근 후 집 근처 신종플루 거점 병원에 갔어요. 혹시 신종플루라면 한시라도 빨리 치료제인 타미플루를 복용해야 했으니까요. 거점 병원은 정부가 신종플루를 집중 관리하고 치료하도록 지정한 병원입니다. 보통 의원에선 불가능한 신종플루 검사를 할 수 있었지요. 거점 병원 의사는 예상대로 타미플루를 처방하면서 차근차근 설명을 덧붙였습니다.

"지금으로선 신종플루 같진 않아 보이네요. 하지만 보호자가 원하시면 신종플루 검사를 해드릴 수 있어요. 검사에는 신속검사, 확진검사 두 가지가 있어요. 어떤 걸 할지는 보호자가 선택하시면 됩니다."

의사가 말한 신속검사는 신속항원진단검사 키트입니다. 신종플루 바이러스를 비롯한 모든 바이러스는 유전물질(DNA 또는 RNA)과 함께 생존에 필요한 몇 가지 단백질(항원)을 갖고 있어요. 신속항원진단검사는 바로 이 단백질과 결합하는 물질(항체)을 환자 가검물에 반응시켜서 항원이 항체와 결합해 나오면 감염됐다고 판단하는 방식입니다. 비교적 싸고 결과도 하루 만에 알 수 있지요.

문제는 신종플루 바이러스와 보통 감기 바이러스의 단백질이 비슷하다는 점이에요. 신속항원진단검사만으론 두 바이러스 가운데 어떤 바이러스에 감염됐는지 명확히 구분하기 어렵다는 얘기입니다. 당시 전문가들은 이 검사의 정확도가 50퍼센트 정도라고 했어요. 결과가 음성으로 나와도 양

성일 가능성을 아예 배제할 수 없겠지요.

의사가 말한 확진검사는 유전자증폭검사RT-PCR입니다. 감염된 바이러스에서 뽑은 소량의 RNA를 DNA로 바꾼 다음 효소를 처리해 DNA 양을 증폭시켜요. 이걸 신종플루 바이러스의 유전정보와 비교해 같은 부분이 발견되면 양성으로 판단하는 방식이지요. 정확도는 매우 높지만 결과가 나오기까지 길게는 사흘이 걸리고 비용도 비쌉니다.

두 검사 방법을 순간적으로 머릿속에서 비교하고 나니 더 망설일 이유가 없었지요. 아이의 건강 앞에서 돈은 전혀 문제되지 않았고, 시간이 걸려도 정확한 결과를 알아야 했으니까요. 그래서 확진검사를 택했습니다.

집에 돌아와 아이에게 타미플루와 감기약을 먹인 다음에야 겨우 한숨을 돌렸어요. 이제 엄마로서 해줄 수 있는 건 다했다 싶었습니다. 다음 날 새벽 아이는 다시 열이 올랐고, 마음이 다시 초조해졌지요. 시간이 그렇게 더딜 수가 없었습니다.

검사 이튿날 저녁 거점 병원에서 휴대전화로 문자메시지를 보내왔어요. 다행히 음성이었지요. 곧바로 타미플루 복용은 중단했습니다. 아이는 한 차례 더 열이 올랐지만, 그 뒤론 점점 나아졌어요. 온 식구들이 모두 가슴을 쓸어 내렸지요.

우리 사회에선 유례없는 전염병에서 아이를 지키기 위해 엄마들이 너무 많은 걸 선택해야 하는 상황에 내몰린다는 사실을 실감했습니다. 응급실

에 가야 하나 집에 있어야 하나, 의원 말만 믿어야 하나 다른 방법을 알아봐야 하나, 어떤 검사를 해야 하나…….

　우리 아이 검사 결과가 나온 날 국내에서 세 살짜리 남자아이가 신종플루로 숨졌다는 소식을 들었습니다. 고열이 나서 동네 의원에 갔다가 단순 감기라고 진단을 받았는데, 증상이 나빠져 뒤늦게 응급실을 찾았다고 해요. 결국 그 아이가 죽은 건 타미플루 복용이 늦은 탓이었겠지요. 제가 겪은 상황과 비슷했어요. 그 아이의 부모도 저처럼 수차례 선택의 갈림길에 섰을 겁니다. 아마 그때마다 최선을 선택했을 거예요. 그럼에도 아이를 잃은 심정이 어떨지 감히 가늠해보았어요. 마음 한쪽이 아프게 저려왔습니다.

　전염병에 대처할 때 가장 중요한 건 속도예요. 얼마나 빨리 대응하느냐에 따라 결과가 달라질 수 있어요. 신종플루가 유행할 때도 아이에게 의심 증상이 나타난 경우 엄마가 어떤 선택을 얼마나 신속하게 하느냐가 관건이었습니다. 의사도, 약사도, 과학자도 아닌 엄마가 그런 상황에 놓여야 한다는 게 답답하긴 하지만, 어쨌든 그게 현실이었습니다.

　엄마들에게 필요한 건 정보지요. 많은 정보 말고 정확한 정보 말이에요. 인터넷에선 타미플루의 부작용에 대해 설왕설래가 많았어요. 전문가들의 의견은 대부분 부작용이 침소봉대된 경향이 있다는 쪽이었습니다. 대유행 상황에선 신종플루가 의심되면 검사 결과가 나오기 전이라도 빨리 투약해야 한다는 의견도 많았어요. 하지만 실제로는 부정확한 정보 때문에 치료

선택에 내몰린 엄마

제가 있는데도 투약이 늦어지는 경우가 적지 않았을 것 같아요.

정보가 홍수처럼 쏟아지지만 엄마가 아이 건강을 위해 뭔가를 선택해야 하는 급박한 상황에 놓였을 땐 정작 믿을 만한 정보가 어떤 건지를 구별해내기가 쉽지 않지요. 부정확한 자료나 무분별한 의견을 그대로 전달하는 일부 언론과 명확한 정보나 강력한 대응 지침을 신속하게 내놓지 못한 정부도 책임을 느껴야 하지 않을까요?

신종플루 대유행을 겪으며 의료인들 역시 수많은 상황에 내몰렸어요. 사실 목이 붓거나 열이 나는 건 신종플루만의 증상이 아닙니다. 아무리 의사라도 이런 증상만 보고선 신종플루인지 감기인지 판단을 내리기 어렵지요.

국내 의료계에서는 신종플루가 본격 대유행 단계에 접어들기 전부터 신속검사의 정확도를 빨리 올려야 한다는 의견이 나왔습니다. 감기 바이러스에는 없고 신종플루 바이러스에만 있는 특이 항원을 검출한다면 정확도는 훨씬 향상될 수 있겠지요. 이제 신종플루 바이러스는 유전정보나 단백질 구성이 모두 알려졌어요. 신종플루 특이 항원에 결합하는 항체를 만들어 신속검사의 정확도를 높일 수 있게 됐다는 의미입니다. 검사법이 이렇게 업그레이드되면 의료 현장에서 의사들은 좀 더 빠르고 자신 있게 진단을 내릴 수 있을 테고, 엄마들도 훨씬 마음의 짐을 덜 수 있겠지요.

타이레놀과 부루펜의 차이

해마다 가을이면 아이와 함께 독감 예방주사를 맞아요. 아이가 생기기 전에는 독감이 유행한다고 텔레비전이나 신문이 아무리 엄포를 놓아도 예방접종 할 생각도 않던 제가 엄마가 된 뒤부턴 찬바람 불기 시작만 하면 독감 주사 일정부터 잡고 있네요.

세 살까지만 해도 독감 주사 맞을 때 온 동네가 떠나갈 듯 울던 우리 아이가 네 살이 되니 좀 컸다고 장하게도 눈물만 살짝 맺혔습니다. 그러고는 아픈 거 꾹 참는 얼굴로 "엄마, 나 인제 네 살이니까 안 울고 주사 맞을 수 있다"며 제게 와락 안겼어요. 우는 거 달래려고 준비해온 사탕을 엉덩이 톡톡 두드리며 입에 넣어주었지요. 사탕을 예방주사를 맞기 전에 미리 먹이는 게 아이에게 어느 정도 도움이 된다는 견해도 있어요. 사탕에 들어 있는 당 성분이 통증을 잠깐 동안 못 느끼도록 해줄 수 있기 때문이랍니다.

타이레놀과 부루펜의 차이

처음으로 울지 않고 독감 주사를 맞은 날 밤에 아이가 열이 났습니다. 아마 예방주사로 아이 몸에 들어온 독감 바이러스 때문인 듯싶었지요. 열은 이틀 정도 이어졌지만 38도가 훨쩍 넘는 고열은 아니었어요. 해열제 먹이고 체온 재고를 몇 번 하다보니 다행히 금방 잡혔어요.

지금은 열이 나도 뭘 어떻게 해야 하는지 잘 알고 침착하게 대응할 수 지만, 출산 직후에는 얼마나 당황했는지 모릅니다. 아마 많은 초보 엄마들이 비슷한 경험들을 할 것 같네요. 예를 들어 처음엔 아이가 열이 나 해열제를 먹여야 할 때마다 멈칫하곤 했어요. 어떤 해열제를 먹여야 하나 싶어서 말이에요. 시중에 나와 있는 대표적인 어린이용 해열제 성분은 아세트아미노펜(제품명 타이레놀)과 이부프로펜(제품명 부루펜)이지요.

두 해열제는 용법이나 작용 시간에 약간 차이가 있어요. 소아청소년과 전문의들은 아세트아미노펜은 4~6시간, 이부프로펜은 6~8시간 간격으로 먹여야 한다고 설명합니다. 아세트아미노펜은 보통 먹은 지 30분 이내에 해열 효과가 나타나지만, 이부프로펜은 1시간쯤 지나야 열이 내리지요. 효과가 6시간까지 지속되는 아세트아미노펜에 비해 이부프로펜은 8시간까지도 약효가 이어지고요.

많은 전문가들이 두 해열제는 효과가 거의 같다고 이야기합니다. 단 생후 6개월이 안 된 영아에게는 이부프로펜을 잘 처방하지 않아요. 안전성 관련 데이터가 아직 충분히 확보되지 못했기 때문이라는데, 그렇지 않다는 견해도 있기는 합니다. 참 엄마들이 꼭 알아야 할 주의 사항이 있습니다. 설사를 하거나 장염이 있으면 이부프로펜 말고 아세트아미노펜을 먹여야 합니다. 또 신장이 좋지 않은 아이에게는 이부프로펜을, 간이 나쁜 아이에게는 아세트아미노펜을 쓰지 않는 게 정석이에요.

아이가 열이 날 땐 옷을 벗기고 몸을 물로 닦아주는 것도 좋은 방법이지요. 물기가 증발하면서 몸에서 열을 빼앗아가기 때문이에요. 출산 후 처음 아이 몸이 불덩이가 되었을 때였어요. 한밤중이었지만 무조건 아이를 안고 응급실로 뛰었지요. 저도 남편도 응급실에서 발을 동동 구르며 의료진만 애타게 바라보았지만, 간호사가 건네준 건 물이 담긴 대야랑 수건뿐이었어요. 집에서 이미 해열제를 먹이고 온 터라 병원에서 할 수 있는 건 아이 옷을 벗기고 물수건으로 몸을 닦아주는 것밖에 없다는 딱딱한 설명과 함께였습니다. 아이의 고열을 처음 경험한 그땐 참 황당하고 화가 났어요. 물론 지금은 당연한 조치였다는 걸 잘 알지만 말이에요.

아이 몸을 물로 닦아줄 때도 주의할 점이 있습니다. 열을 빨리 내리게 한다고 아이 몸을 찬물로 닦는 분이 간혹 있어요. 물을 빨리 증발시킨다고 물에 알코올을 섞기도 해요. 그런데 이런 거, 절대 안 됩니다. 찬물로 닦으면 혈관이 수축합니다. 그러면 열이 발산되지 않아 체온이 오히려 더 올라갈 수 있어요. 피부와 몸속 온도 차이가 클수록 아이는 더 힘들어지고요. 또 알코올은 아이 몸속으로 흡수돼 중독을 일으킬 우려가 있지요.

순서도 중요해요. 열이 심할 때는 해열제를 먼저 먹인 뒤에 물로 닦아 주라고 전문의들은 조언합니다. 몸에서 열이 나는 건 뇌에 있는 시상하부란 영역이 작용하기 때문이에요. 해열제는 열을 만들어내는 메커니즘을 중간에 차단하는 역할을 하지요. 뇌가 한창 열을 만들어내다가 도중에 열을 뺏기면 오히려 열 생산이 더 활발해질 수 있어요.

열이 오르기 시작할 때 바로 옷을 벗기면 아이가 너무 추워합니다. 열은 잡아야겠는데 아이는 춥다 하면 초보 엄마들은 어찌할 줄을 모르지요. 이럴 때는 일단 잠시 두고 보는 게 좋아요. 열이 오를 만큼 올랐다 싶으면 아이는 덜 춥게 느낍니다. 바로 그때부터 온도 30도 안팎인 미지근한 물로 닦아 몸에 묻은 수분이 증발하면서 열이 서서히 내리게 해줘야 해요. 물론 몸을 닦는 도중에도 다시 아이가 몸을 떨 수 있지만, 열이 이미 오른 뒤에 그러는 건 일시적인 증세이고 열이 떨어지면 괜찮아지니 추워해도 그냥 닦아줘도 된다고 전문의들은 설명합니다.

열이 날 때는 몸속 수분이 금방 줄어들지요. 보리차나 주스 등을 조금씩 자주 먹여서 탈수를 예방하는 것도 잊지 말아야 해요. 그런데 사실 아이 체온이 오락가락해 열이 나는 건지 아닌지 헷갈릴 때도 종종 있어요. 원래 사람의 체온은 항상 일정하지 않거든요. 보통 새벽 2시에서 6시 사이에 가장 낮고 오후 5시에서 8시 사이에 가장 높지요. 하루에 1도 정도 차이 나는 건 정상이라고 보면 됩니다. 유아라면 체온이 37.3도가 넘게 지속될 경우에는 미열이 있다고 봐야 하고요.

　　이젠 열이 나도 웬만하면 당황하지 않지요. 겪은 대로, 아는 대로 대응하면 되니까요. 경험과 지식의 힘이지요. 그 힘이 여자를 엄마로 만듭니다.

아이 열 내려주는 법

평소 우리 아이 평균 체온 확인하기
아이 체온이 평균값보다 1도 이상 높다면 열이 있다고 판단해 어린이용 해열제를 먹이는 게 좋다. 해열제는 열을 보통 1~1.5도 정도 떨어뜨려준다. 먹인 뒤 30분이 지나도 열이 안 내려가면 아이 옷을 벗기고 미지근한 물을 적신 수건으로 몸을 닦아준다. 평균 체온과 2도 이상 차이가 나면 응급 상황이니 병원으로 가는 게 좋다. 체온을 잴 때는 손 말고 꼭 체온계를 써야 한다.

해열제 용량 몸무게에 맞춰 먹이기
같은 나이라도 몸무게나 키에 따라 알맞은 복용량이 다를 수 있다. 아이 해열제는 몸무게를 기준으로 복용량을 정하는 게 정확하다. 어린이용 해열제가 없을 때 간혹 어른용 해열제를 쪼개 먹이는 경우가 있는데, 과량 복용 위험이 있으니 절대 금물이다.

해열제 토하면 다시 먹이기
아이들은 소화기 기능이 약해 약을 먹은 뒤 쉽게 토할 수 있다. 해열제 복용 후 10분 안에 토한 경우에는 즉시 다시 먹여야 한다. 토하는 걸 막기 위해서는 식전 복용이 가능한 해열제를 젖이나 밥 먹이기 전에 먹이면 좋다.

알레르기 있다면 무색소 해열제를

약을 유난히 먹기 싫어하는 아이에게는 과일 향이 든 색소 해열제를 먹이면 쉽게 먹일 수 있다. 그러나 알레르기나 아토피피부염이 있는 아이는 색소 성분에 민감할 수 있기 때문에 무색소 해열제를 권한다.

시럽 해열제 냉장고 넣지 않기

약은 직사광선을 피해 습기가 적고 시원한 곳에 보관하는 게 기본이다. 해열제를 비롯한 모든 시럽 약은 개봉한 뒤 한 달까지 먹일 수 있다. 시럽 약을 냉장 보관하면 약 성분이 엉겨 붙어 가라앉기도 하기 때문에 상온에 두는 게 좋다. 약국에서 처방전에 따라 덜어준 시럽 약은 멸균 상태가 아니기 때문에 받은 지 1주일 정도 지나면 버리는 게 좋다.

자료 : 한국존슨앤드존슨, 하정훈소아청소년과

약보다 더 좋은 것

　　　　　　　　　　　아침에 버스를 타고 출근하다 우연히 라디오 광고가 귀에 쏙 들어왔어요. 영화배우 조재현 씨의 목소리였습니다.

　어린 시절 감기에 걸려 병원을 찾았대요. 진찰해본 의사가 약이나 주사를 처방하는 대신 목을 따뜻하게 하고 따뜻한 물을 많이 마시라고 했다는 거예요. 그렇게 해도 낫지 않으면 그때 다시 병원에 오라고 하면서 조 씨를 돌려보냈다고 하네요. 조 씨 어머니는 "의사 선생님이 약보다 더 좋은 것을 주셨구나" 하며 흐뭇해하셨다는 내용이었어요.

　그게 사실이라면 당시 조재현 씨를 진찰한 의사는 진정으로 환자의 건강을 생각해서 처방을 내린 게 아니었나 싶습니다. 또 조 씨 어머니는 상당히 심지가 강한 분이었을 것 같다는 생각도 들었고요.

　우리 아이도 네 돌 넘게 자라면서 여러 차례 감기에 걸렸어요. 아이가 자라면서 점점 덜해지긴 했지만, 처음엔 아이에게 감기 기운이 있어 보이면 그때부터 걱정을 떠안고 지내기 일쑤였지요. 바로 병원엘 데려가야 하나, 심해 보이진 않는데 있는 약부터 일단 먹여볼까? 미열이라도 나면 갈등은 더해졌어요. 당장 해열제를 먹여야 하는지, 물수건으로 몸을 닦아만 주고 말아야 할지 쉽게 판단하기 어려웠으니까요.

그러다 결국은 감정이 앞서게 돼요. 콜록콜록 기침 소리만 들어도 안타까운데 열까지 나면 해열제에 손이 안 가는 엄마는 아마 많지 않을걸요? 온갖 걱정을 안고 찾은 병원에서 의사가 약은 안 주고 나중에 다시 오라고 하면 아마 다른 병원을 찾을 엄마도 꽤 있을 것 같아요.

과학적으로 말하면 기침은 목과 가슴에 있는 수많은 근육을 정교하게 움직여서 호흡기로 들어온 세균이나 바이러스를 몸 밖으로 배출하는 과정입니다. 결국 기침을 못 하게 막으면 병원균이 빠져나가지 못하기 때문에 감기를 이겨내는 데 오히려 도움이 안 되지요. 실제로 우리 아이가 기침이 심해졌기에 찾은 동네 소아과에서도 의사가 "기침하게 그냥 두라"고 권하기도 했어요.

재채기나 코 막힘도 비슷한 작용입니다. 공기 중에 섞여 있던 이물질이 코로 들어오면 인체는 재채기를 일으키거나 콧물을 흘려서 내보내는 거예요. 코와 연결돼 있는 기도나 기관지, 폐 같은 기관을 보호하기 위해서입니다. 평소에도 가끔 코가 막힐 때 있지요. 콧구멍 안쪽의 점막이 살짝 부으

면서 들어오는 공기 양이 줄기 때문이에요. 전문가들은 이를 코가 잠시 휴식을 취하는 현상이라고 추측하기도 해요. 미열이 나는 것도 몸이 병원균과 맞서 싸우는 방어 과정에서 생기는 일시적인 발열반응일 수 있고요.

일부 진화생물학자들은 인간이 세균이나 바이러스에 대항하기 위해 기침과 재채기, 열 같은 생리현상을 일부러 진화시켰다는 주장도 합니다. 그런 증상들이 일종의 환경 적응 수단이라는 이야기지요.

우리 아이 건강에 대해 집안 어른들은 엄마인 저보다 더 걱정을 해주십니다. 지금도 특히 환절기가 되면 손자가 감기에 걸리지 않도록 면역력을 높여주는 뭔가를 찾아 먹여야 하지 않을까 노심초사하시기도 하지요.

과학적으로 말하면 면역력을 높인다는 건 면역 세포의 활력을 증강시킨다는 뜻입니다. 바이러스 같은 병균은 주로 피부나 기도를 통해 몸속으로 들어오지요. 이 경로에는 대식세포와 수지상세포, 섬유아세포 같은 면역 세포가 자리 잡고 있어요. 타고난 싸움꾼인 이들 세포는 병균이 들어오자마자 파괴하거나 잡아먹어요. 이 과정을 '선천성 면역'이라고 부릅니다. 선천성 면역 세포가 팔팔하면 인체가 병균을 빨리 물리칠 것이고, 빌빌대면 꼼짝없이 병에 걸리게 되는 거지요.

학계에서 면역력을 높인다고 인정하는 물질은 대부분 선천성 면역 세포를 팔팔하게 만드는 역할을 해요. 예를 들어 홍삼에 들어 있는 사포닌은 대식세포의 활력을 높인다고 알려져 있어요. 하지만 여기까지입니다. 면역력 강화 식품의 효과는 선천성 면역에서 크게 벗어나지 못한다는 게 많은 과학자들의 설명이지요.

선천성 면역 세포도 한계가 있어요. 병균이 대량으로 몰려오거나 아주 센 놈이 침입하면 시간이 지나면서 점점 밀릴 수밖에 없어요. 다음 방어 무기를 갖춰야겠지요. 그게 바로 항체입니다. 선천성 면역 세포가 '선방'을 하고 있는 동안 우리 몸은 바이러스를 직접 공격하는 '진짜 무기'인 항체를 만들어요. 이를 '적응성 면역'이라고 부릅니다.

몸에 항체가 생기려면 실제 바이러스에 감염되거나 독성을 약화시킨 가짜 바이러스, 즉 백신을 맞는 수밖에 없어요. 면역력 강화 식품이 실제로 항체까지 만들어내지는 못한다는 이야기입니다. 결국 적응성 면역을 미리 높이는 방법은 백신뿐이에요. 과학자들은 면역력 강화가 증명된 식품이라도 개개인의 건강 상태에 따라 실제 몸속에서는 다르게 작용할 수 있다고 입을 모으니까요.

백신 접종 말고는 손 씻기고 삼시 세끼 밥 챙겨주는 게 면역력을 높이기 위해 엄마가 해줄 수 있는 최선의 방법일 거예요. 한국 사람은 '밥심'으로 산다지 않습니까? 아이의 기침이나 재채기에 좀 더 대범하게 대처할 필요도 있고 말입니다.

초보 엄마 감기 궁금증

아이에게 감기약을 오래 먹여도 이상 없을까?
약을 오래 먹이면 해로울 거라든지, 약을 안 먹이는 게 면역력을 높이는 데 도움이 된다고 생각하는 경우가 있다. 그러나 용량과 용법을 제대로 쓴다면 오래 복용해도 큰 문제는 없다. 특히 병이 오래갈 때는 약을 꾸준히 먹이는 게 중요하다. 예를 들어 감기의 합병증 중 하나인 중이염이 치료되려면 10일 이상 항생제를 써야 한다. 귀 아픈 증상이 사라졌다고 맘대로 약을 끊으면 경우에 따라 재발돼 청력에 손상을 줄 수 있다.

아이 코가 자주 막힐 때 흡입기로 매번 빼줘도 괜찮나?
아이가 먹고 자는 데 지장 있을 정도로 많이 힘들어할 때 한두 번 정도 빼내 편하게 해줄 필요가 있다. 하지만 너무 자주 빼면 코안 점막이 마르면서 헐고 콧물도 더 차게 된다. 간혹 코 속에 젖을 짜 넣어주기도 하는데, 이러다 염증이 생길 수 있다. 생리식염수를 한두 방울 넣는 건 도움이 될 수 있다.

가습기가 오히려 더 나쁘다고 하던데?
적절한 온도와 습도 유지는 감기 치료의 기본 조건이다. 다만 가습기에 사용하는 물은 정수한 물이나 끓였다 식힌 물이어야 한다. 물통은 하루 한 번 이상 깨끗이 씻고 햇볕에 말린다. 가습기의 증기가 아이 쪽으로 가지 않도록 한다. 방 안의 이상적인 습도는 약 50퍼센트, 온도는 섭씨 23~25도다.

감기 걸렸을 때 목욕시켜도 되나?

목욕 시간을 짧게 하고 목욕 후 체온이 떨어지지 않게 바로 마른 수건으로 잘 닦아준다면 괜찮다. 목욕 후 바로 재우기보다는 좀 놀게 해서 몸에서 열이 나게 한 다음 자도록 하는 게 좋다.

마스크를 쓰는 게 좋은가?

마스크 쓴다고 감기가 빨리 좋아지거나 덜 걸리진 않는다. 다만 찬바람이 아이의 호흡기로 바로 들어오는 걸 좀 줄여줄 수 있고, 내쉬는 숨에 들어 있는 수분이 마스크에 붙어 있다가 다시 들어오기 때문에 가습 효과도 약간 낼 수 있다. 그러나 며칠 동안 계속해서 같은 마스크를 쓰면 입안에 있던 균들이 묻어나기 때문에 오히려 해로울 수 있다.

자료: 을지대학병원

엄마는 헷갈려

아이가 세 돌 지난 한여름이었습니다. 어느 날 퇴근해보니 이 녀석이 콧물을 떡하니 먹고 있는 거예요. 무더위에 한시도 가만 앉아 있지 않고 동동 뛰어다니니 온몸이 땀범벅인 데다 콧물까지 흐르니 얼굴 꾀죄죄한 게 말이 아니었지요. 흘러내리는 콧물을 닦을 생각은커녕 빨아 마시고 들이마시는 아이에게 "아이고, 지저분해" 하며 호들갑을 떨면 그런 엄마가 우스운지 아이는 신 나서 깔깔대며 더 훌쩍거렸어요.

콧물 닦아주려고 휴지 들고 쫓아다닌 지 며칠. 무슨 여름 감기가 이리 오래가나 싶었어요. 콧물이 살짝 줄어드는 것 같더니 이번엔 콜록콜록 기침이 심해졌으니까요. 열은 안 올라서 웬만하면 약 안 먹이고 그냥 낫게 하고 싶었는데, 너무 오래가는 것 같아 혹시나 해서 주말에 소아과엘 데려갔어요. 의사는 눈살을 살짝 찌푸리며 "기관지염이 좀 심하네요" 했습니다. 그냥 감기가 아니라는 소리였지요.

　기도와 기관지는 코로 들어온 공기가 폐로 갈 때 거치는 통로예요. 흔히 감기는 기도 윗부분이 감염되어 걸립니다. 거기 있던 바이러스가 점점 목 아래쪽으로 내려가 기도 아랫부분인 기관지에까지 침투해 염증을 일으키는 게 기관지염이에요. 감기와 기관지염은 원인 바이러스가 같지만 감염되는 위치가 다른 거지요.

　보통 감기와 기관지염 증상의 가장 큰 차이는 가래예요. 가래가 있는 기침을 2, 3주 이상 계속하면 기관지염일 가능성이 큽니다. 아이를 데려간 소아과에서도 의사가 "가래 잡아주는 약 넣었으니 꼬박꼬박 먹이세요"라고 했습니다. 아이 손을 잡고 병원을 나서면서 콧물 나고 기침하니 감기겠지 하고 별생각 없이 넘기려 했던 게 못내 뜨끔했지요.

　많은 엄마들이 오해하고 있습니다만 감기는 그렇게 오래가는 병도, 자주 걸리는 병도 아닙니다. 감기는 심한 증상이라도 3일 이상 계속되지 않고, 길어도 1주일 이내에는 저절로 나아요. 오래가고 자주 반복되는 콧물이나 기침은 감기가 아니라 다른 호흡기 질환일 가능성이 높다는 게 전문의들의 설명이에요. 감기와 증상이 비슷하기 때문에 혼동할 수 있다는 거죠. 어른은 1년에 평균 두 번에서 네 번, 어린이는 여섯 번에서 열 번 정도 감기에 걸립니다. 사시사철 감기를 달고 사는 것 같아 보이는 아이라면 한번쯤 건강 상태를 점검해볼 필요가 있어요.

아이 상태가 감기인지 아닌지 헷갈린 경우는 이 밖에도 한두 번이 아니었지요. 아이가 세 돌 지난 뒤였습니다. 열이 나기 시작하더니 2주 넘게 계속되더라고요. 해열제 먹으면 하루 이틀 지나 나아지겠지 했는데, 해열제를 먹여도 미열이 남아 있다 금세 다시 불덩이가 되곤 했어요. 열은 보통 4, 5일이면 잠잠해지기 마련인데, 아이를 괴롭히는 열이 도통 떨어질 기미를 보이지 않았지요. 급기야 동네 의사가 큰 병원에 가 검사받아보라고 권했어요. 이쯤 되니 불안해지기 시작했지요. 감기와 증상이 비슷한 독감, 폐렴 같은 병명이 머릿속을 맴돌면서 말이에요.

많은 엄마들이 독감을 심한 감기라고 생각하지만, 감기와 독감은 엄연히 다른 병입니다. 원인 바이러스가 다르니까요. 감기는 보통 증상이 코에서 시작되어 목으로 넘어가지요. 이에 비해 독감은 콧물이나 기침보다 갑작스럽게 시작되는 고열과 오한, 근육통, 눈 충혈이 주요 증상이에요. 폐렴이면 가벼운 감기 증상 후에 체온이 39도 이상으로 급격히 오릅니다. 하지만 이런 증상들을 초기부터 주의 깊게 살피지 않으면 구별하기 쉽지 않아요. 특히 요즘 폐렴은 하도 다양한 양상으로 나타나기 때문에 감기와 구별하기가 더욱 어렵다고 전문의들은 말합니다.

결국에는 아이를 데리고 대학병원을 찾아갔어요. 엑스선 촬영과 피검사, 소변검사를 하고 초조하게 결과를 기다렸지요. 다행히 의사가 영상과 수치로는 폐렴으로 보기 어렵겠다 했어요. 그런데 검사 직후 독감 바이러스가 그해 가을 들어 처음 국내에서 발견되었다는 발표가 나왔지요. 가슴을 쓸어내렸다가 다시 좌불안석이 되었습니다.

두 주쯤 지나니 아이 몸이 따끈따끈해지는 간격이 점점 멀어지고 정상 체온 범위도 크게 벗어나지 않았어요. 드디어 열이 잡히기 시작한 거죠. 의사는 열이 나는 양상이 개인차가 크기 때문에 증상만으로는 원인을 정확히 짚어내기 어렵다고 하더군요. 2주 내내 아이와 식구들을 괴롭힌 고열의 정체가 뭔지 모른다는 게 참 답답한 노릇이었어요.

엄마들이 감기와 헷갈릴 수 있는 병으로는 기관지염이나 독감, 폐렴 말고도 비염, 만성부비동염(축농증), 천식, 편도선염, 결핵 등이 있지요. 과자 부스러기나 땅콩 같은 견과류 조각이 식도가 아니라 기도로 들어가 기관지 속에 달라붙어도 감기에 걸린 것처럼 기침을 하고 열이 날 수 있습니다.

엄마가 되니 알아야 할 게 참 많아졌습니다. 아이가 아플 때마다 거듭 물어보고 확인하게 되고요. 학교 다닐 때 공부를 이렇게 했으면 삶이 달라지지 않았을까 싶어요. 아이를 위해 무엇이든 하게 만드는 것, 엄마라는 이름의 힘이지요.

MMR 맞혔는데 볼거리?

　　　　　　　　　　아침에 자고 일어난 아이가 손으로 볼을 만지며 "엄마, 여기가 아파" 합니다. 워낙 데굴데굴 굴러다니며 자는 녀석이라 간밤에 어디 부딪혔나 생각하고 대수롭지 않게 여겼지요. "괜찮아. 조금 있으면 안 아플거야" 하며 아이를 안심시키고 출근했는데, 그날 오후 시어머니께 전화가 왔어요. 걱정이 가득 담긴 목소리였습니다. 어린이집에 아이를 데리러 갔는데, 볼이 부어올라 있길래 혹시나 하고 병원에 들리셨대요. 의사는 볼거리일 수 있다면서 해열진통제를 먹이라고 했답니다.

　　다음 날 아침 아이와 함께 다른 소아과엘 갔어요. 의사는 이하선염은 맞는데, 볼거리인지는 확실하지 않다며 이틀 뒤 다시 오라고 했어요. 이하선염은 귀 밑에 있는 침샘(이하선)에 염증이 생겨 부어오르는 병입니다.

　　이하선염을 일으키는 원인으로는 볼거리 바이러스와 세균, 결석 등이 있지요. 볼이 부었다고 해서 무조건 다 볼거리라고 볼 수는 없다는 소리예요. 볼거리인지 아닌지 정확히 구별하려면 따로 피검사를 해야 해요. 하지만 검사 결과가 나오기 전에 대부분 붓기가 가라앉고 낫기 때문에 실제로 검사를 하는 경우는 많지 않습니다.

만약 정말 볼거리였다면 엄마로서는 참 황당하고 속상하지요. 예방접종(MMR 백신)도 제때 꼬박꼬박 했는데 말이에요. MMR 백신은 홍역과 풍진, 볼거리 바이러스의 독성을 약화시켜서 만든 주사예요. MMR 백신이 들어가면 우리 몸은 이들 바이러스에 대항해서 항체를 만들어냅니다. 면역력을 미리 키워주는 거죠.

볼거리에 대한 면역력이 완벽하게 생기려면 항체 수가 충분해야 합니다. 그런데 백신을 맞는다고 해서 누구나 다 그만큼 항체를 만들어내지는 못해요. 백신의 예방 효과가 원래 100퍼센트가 안 될 수 있다는 소리입니다. 백신을 맞았어도 항체가 부족하면 병에 걸릴 수 있어요. 다만 백신을 맞지 않아 항체가 아예 없는 사람보다 증상이 심하게 나타나지 않지요. 그래서 예방접종이 중요합니다.

인터넷이나 일부 엄마들 사이에서 MMR 백신을 맞으면 부작용으로 자폐증이 나타날 수 있다는 우려가 퍼진 적이 있어요. 1998년 영국 의학 학술지 《랜싯LANCET》에 실린 논문에 그런 내용이 담겨 있었기 때문입니다. 그러나 2010년 《랜싯》은 그 논문을 철회했어요. 논문을 쓴 영국인 의사 앤드루

웨이크필드 박사가 데이터를 조작했다는 사실이 뒤늦게 드러났기 때문이에요. 엉터리 논문이었던 셈이지요. 그는 이후 진료에서도 문제를 일으켜서 결국 의사 자격을 박탈당했다고 하네요.

갑작스러운 볼거리 소동에 몇 주 전부터 손꼽아 기다린 주말 나들이 계획이 날아가버렸어요. 아이도, 저도, 남편도 모두 아쉬워했지요. 우리 아이 볼이 부은 게 정말 볼거리였는지 아니었는지는 정확히 알지 못하고 지나갔고요. 엄마로 산다는 건 지금까지 별 관심 없었던, 세상에 존재하는 갖가지 병들을 하나하나 알아가는 과정이기도 합니다.

두 돌 세 돌까지 한 달이 멀다 하고 찾아오는 예방접종 일정 덕분에도 그렇지요. 그때는 국가 표준 예방접종 일정표를 확인하고 매달 달력에 동그라미 치는 게 일이었으니까요. 세상에 무슨 병도 이리 많고, 백신도 이리 많은지, 가끔은 번거롭다는 게 솔직한 심정이었습니다. 욕심 같아서는 주사 한두 방에 웬만한 병을 싹 다 예방해주는 '만능 백신' 같은 게 나오면 좋겠다 싶기도 하네요.

사실 이런 바람이 무리는 아닙니다. 이미 세 가지 병을 겨냥한 백신이 있으니까요. 생후 2개월부터 맞는 백신 DTaP는 디프테리아와 파상풍, 백일해를 동시에 예방합니다. 독성을 약화시킨 이들 세 가지 균을 한 번에 몸속에 넣어 면역 체계를 구축하는 방식이지요.

이미 개발된 백신을 서로 섞는 게 무에 어렵겠냐고 생각할 수 있지만 그리 간단치 않습니다. 서로 다른 두 백신을 혼합하면 따로 사용할 때보다 효과가 줄어들 수 있거든요. 몸의 면역 체계가 여러 균(항원)에 동시다발적으로 작동해야 하니 힘이 분산되는 겁니다.

그런데 희한하게도 DTaP에선 반대로 면역 작용이 상승한다고 해요. 셋 중 한 가지(백일해) 백신이 나머지 두 가지 효능을 높여주기 때문이라는 게 과학자들의 설명입니다. 이를 "애주번트(항원보강) 효과"라고 부르지요. DTaP에서는 백신 중 한 성분이 자체적으로 애주번트 효과를 내지만, 보통 다른 백신에선 화학물질로 이루어진 항원보강제를 사용하기도 해요. 가능한 한 많은 백신에서 면역 증강 효능을 높이는 보편적인 항원보강제를 개발하는 게 제약회사들의 중요한 연구 전략이기도 합니다.

2012년부터 우리나라에선 네 가지 병을 한 번에 예방할 수 있는 백신이 국가 필수 예방접종에 추가됐어요. DTaP에 소아마비 백신을 혼합한 백신입니다. 둘을 따로 접종하는 것보다 횟수가 절반가량 줄어 좀 더 편해졌지요. 외국에서는 MMR에 수두 백신을 혼합한 백신도 이미 개발돼 있어요. 또 DTaP에 B형 간염과 뇌수막염을 더 섞어 모두 다섯 가지 병을 예방하는 백신 개발도 세계적인 추세라고 합니다.

전문가들은 앞으로 10년 정도 뒤면 이런 혼합 백신이 일상생활에 널리 쓰일 수 있을 거라고 기대해도 좋다고 하네요. 앞으로 강산이 한 번 변하면 엄마들의 수고로움도 좀 줄 수 있을 것 같습니다.

우리 아이 예방접종 일정표

국가필수예방접종

나이	백신	횟수	횟수별 시기	총횟수
0세 (출생~11개월)	결핵 백신BCG	1회	0개월	10회
	B형간염 백신HepB	3회	0, 1, 6개월	
	디프테리아/파상풍/백일해 백신DTaP	3회	2, 4, 6개월	
	소아마비 백신IPV	3회	2, 4, 6개월	
만 1세 (12~23개월)	수두 백신Var	1회	12~15개월	5회
	홍역/유행성이하선염/풍진 백신MMR	1회	–	
	디프테리아/파상풍/백일해 백신DTaP	1회	15~18개월	
	일본뇌염 백신	2회	–	
만 2~3세 (24~36개월)	일본뇌염 백신	1회	–	1회
만 4~6세	디프테리아/파상풍/백일해 백신DTaP	1회	–	4회
	소아마비 백신	1회	–	
	홍역/유행성이하선염/풍진 백신MMR	1회	–	
	일본뇌염 백신	1회	만 6세	
만 11~12세	파상풍/디프테리아 백신Td 또는 파상풍/디프테리아/백일해 백신Tdap	1회	–	2회
	일본뇌염 백신	1회	만 12세	

★DTaP와 IPV을 별도로 맞지 않고 두 가지가 섞인 DTaP-IPV 혼합 백신을 접종하는 경우:
0세 때 혼합 백신 3회(생후 2, 4, 6개월) ➜ 만1세 때 DTaP 백신 1회(15~18개월) ➜ 만4~6세 때 혼합 백신 1회
★자료: 보건복지부, 질병관리본부

수족구병 백신이 없는 까닭

한창 인터뷰 중인데 휴대전화가 울렸어요. 어린이집 전화번호가 찍혀 있어서 마음에 걸려 취재원에게 양해를 구하고 잠시 나와 받았습니다. 우리 아이가 다니는 어린이집에서는 교사들이 여간해선 일과 시간에 엄마에게 직접 전화하지 않는다는 걸 알기 때문에 전화를 받으러 나가면서도 사실 좀 불길했지요.

아니나 다를까, 문제가 생겼습니다. 우리 아이가 좋아하는 우유랑 호두가 간식으로 나왔는데 이상하게 잘 먹지 않길래 교사가 살펴봤대요. 자세히 살펴보니 입안이 헐어 있고, 손바닥에는 좁쌀만 한 게 불긋불긋 돋아 있다는 거예요. 교사는 요즘 수족구병이 유행하고 있으니 병원에 한 번 가보라고 했어요.

전화를 끊자마자 집에 계신 시어머니께 전화를 드렸고, 어머니께서 부

랴부랴 아이를 데리고 동네 소아과를 찾았습니다. 예상대로 의사의 진단은 수족구병이었어요. 시어머니와 통화를 마치고 나서 기억을 더듬어보았어요. 내가 아이에게 수족구병 예방접종을 시켰나 하고 말이에요. 아차, 안 했습니다. 그런데 생각해보니 당연했지요. 수족구병은 백신이 없으니까요. 그제서야 도대체 과학자들은 왜 수족구병 백신을 만들지 않았을까 하는 의문이 생겼습니다.

수족구병 백신이 없는 가장 큰 이유는 수족구병을 일으키는 바이러스가 여러 가지 종류이기 때문이에요. 수두처럼 병을 일으키는 바이러스가 한 가지인 경우에는 그 병을 한 번 앓고 나면 웬만해서는 다시 걸리지 않습니다. 그 바이러스에 대항해 싸울 수 있는 항체가 병을 앓으면서 이미 몸 안에 만들어지기 때문이지요.

그러나 바이러스가 여러 종류인 수족구병은 한 번 걸린 아이라도 또 걸릴 수 있어요. 한 바이러스에 대한 항체가 몸속에 만들어져 있어도 또 다른 바이러스가 들어오면 무방비 상태나 거의 마찬가지가 되기 때문입니다.

백신은 병을 일으키는 원인균의 독성을 약하게 만들어놓은 약이에요. 수족구병 백신을 만들려면 여러 가지 바이러스 각각을 모두 일일이 약화시켜야 한다는 얘기지요. 그만큼 시간과 비용이 많이 들 수밖에 없어요.

그런데 원인균이 여럿인 병 중에서도 현재 백신이 나와 있는 게 있어요. 소아마비와 로타바이러스감염증, 폐구균성 폐렴 등입니다. 예를 들어 소아마비 백신은 세 가지 원인균을, 로타바이러스 백신은 다섯 가지 원인균을, 폐구균 백신은 일곱 가지 원인균을 각각 예방하는 식이지요. 이렇게 여러 원인균에 대해 저항 능력을 한 번에 갖출 수 있게 만든 백신을 다가(多價)백신이라고 해요. 폐구균 7가 백신을 맞으면 일곱 가지 원인균에 대한 항체가 몸에 생기는 겁니다.

다가백신이 이미 개발된 이들 병과 수족구병이 다른 건 치명적이지 않다는 점이에요. 손 잘 씻는 습관만으로도 예방할 수 있는 수족구병의 백신을 굳이 많은 돈을 들여 개발하려는 제약사는 쉽게 나오지 않을 거라고 전문가들은 예상하고 있습니다.

다행히 아이는 사나흘 앓다 나았지만 제겐 미안한 마음이 남았어요. 수족구병 진단을 받기 얼마 전에 아이가 밥을 먹다 입안이 아프다며 칭얼대길래 잘못해서 이에 씹힌 줄 알고 무심코 넘겼었거든요. 그때 입안이며 손발을 세심히 살펴주었으면 수족구병을 좀 더 빨리 알아챌 수 있지 않았을까 해서 말입니다.

그런데 수족구병처럼 백신이 없는 병도 신경 쓰이지만 백신이 여러 가지인 병도 혼란스러울 수 있지요. 2010년에는 우리나라에서 새로운 폐구균 백신 두 가지가 접종을 시작했어요. 그 전까지는 폐구균 백신이 한 가지뿐이었거든요.

세 백신의 차이는 얼마나 많은 폐구균이 들어 있느냐입니다. 지구에서

인간과 공존하고 있는 폐구균은 자그마치 90가지나 되지요. 주사 한 방으로 이 많은 균을 다 예방할 수는 없는 노릇이에요. 폐렴과 수막염, 패혈증, 중이염 같은 질병을 잘 일으키는 주요 폐구균을 골라 활성을 억제해 주사제 형태로 만든 게 바로 폐구균 다가백신입니다. 새로 나온 두 백신에는 폐구균이 각각 열세 가지, 열 가지가 들어 있어서 13가 백신, 10가 백신이라고 불리지요. 이들이 나오기 전엔 7가 백신을 맞았고요.

13가 백신에는 10가 백신이 포함하는 폐구균에 세 가지가 더 들어 있어요. 그 세 가지는 발견된 순서와 단백질 구조에 따라 3형, 6A형, 19A형이라고 이름이 붙었어요. 이 중에서 19A형이 지역별 분포 차이가 크다는 게 최근 연구 결과인데 우리나라에서도 증가하는 추세라고 하네요. 하지만 19A형 폐구균이 들어 있는 13가 백신은 10가 백신보다 비싸지요. 접종 시기도 조금 다르고요.

결국 아이에게 어떤 백신을 맞출지는 소비자가 선택해야 합니다. 대한소아과학회는 두 가지 새 백신이 나온 직후 각각의 이점과 비용 등을 소비자에게 충분히 설명하라는 접종 지침을 내놓았어요. 하지만 적잖은 엄마들이 혼란스러워하고 있다는 건 아직도 많은 병원에서 이 지침을 제대로 따르지 않는다는 뜻이겠지요. 의료진에게 먼저 설명을 요청하는 것도 현명한 의료 소비자라고 생각합니다.

참 전문가들은 새 백신들이 나오기 전 이미 폐구균 예방접종을 모두 마친 아이라면 59개월이 되기 전에 10가 백신이나 13가 백신을 한 번 더 맞는 것도 좋겠다고 권하네요. 그러면 7가 백신에 안 들어 있는 균에 대한 예방 효과도 어느 정도 더 생길 수 있기 때문입니다.

수족구병 뜯어보기

언제 어디서 어떻게 걸릴까?
영·유아나 어린이들이 단체 생활을 하는 보육 시설에서 여름과 가을에 가장 흔히 나타난다. 걸린 사람의 코와 목, 입, 물집 등에서 나오는 분비물이나 대변과 접촉한 사람에게 전염된다. 발병 후 1주일 동안 전염력이 가장 강하다.

어떤 증상이 생길까?
감염되면 3~7일 정도 잠복기를 지난 뒤 혀나 잇몸, 뺨 안쪽 같은 입안에 작고 붉은 반점이 생긴다. 반점이 점점 물집으로 변하면서 통증을 느낀다. 손과 발에도 쌀알 크기만 한 빨간 발진이 생긴다. 미열이 나는 경우도 있다.

걸리면 어떻게 해야 할까?
치료제가 따로 없다. 하지만 대부분은 별다른 치료 없이도 7~10일 안에 회복된다. 진단을 받은 뒤에는 다른 사람에게 전염되지 않도록 어린이집이나 유치원, 학교는 가지 않는 게 좋다. 열이 높거나 자주 토하는 등 증상이 나빠지면 빨리 병원을 찾아 합병증이 생기지 않게 대처해야 한다.

어떻게 하면 안 걸릴까?
감염된 사람과의 접촉을 피하고 생활용품을 함께 쓰지 말아야 한다. 손발에 묻은 바이러스를 통해 전염되는 경우가 많기 때문에 손을 깨끗이 씻는 게 가장 중요하다. 특히 기저귀를 갈고 난 뒤에 손을 잘 씻는 습관을 들인다.

자료: 질병관리본부

친구 손톱에 긁혔어요

　　　　　　　　　　퇴근 후 집에 돌아와 아이 얼굴을 보곤 깜짝 놀란 적이 있어요. 한쪽 볼에 빨갛고 기다란 상처가 선명했거든요. 어린이집에서 친구와 놀다 다투었는지 누군가 손톱으로 우리 아이를 긁은 모양새였어요. 상처를 보아하니 피도 났던 것 같고, 무엇보다 아이가 많이 아팠을 것 같아 속상했지요.

　　엄마인 저보다 우리 아이를 더 애지중지하시는 시어머니는 그때 화가 많이 나신 듯했어요. "자기 손톱보다 남의 손톱으로 난 상처는 흉터도 더 잘 생기는데, 도대체 누구네 애가 우리 손자 얼굴을 저렇게 만들었느냐"는 말씀을 며칠 동안 달고 지내셨으니까요. 그런데 정말 그럴까요? 실제로 남의 손톱에 난 상처는 자기 손톱으로 난 상처보다 흉터가 남을 가능성이 더 클까요?

　전문가들은 그럴 수 있다고 합니다. 상처가 말끔히 아무느냐 흉터가 남느냐를 결정하는 가장 큰 요인은 상처의 깊이예요. 피부는 바깥쪽부터 표피와 진피, 피하지방으로 이루어져 있어요. 흉터가 생기는 건 상처가 진피까지 깊숙이 들어간 경우지요. 자기 손톱으로 자기 몸을 긁을 때는 본능적으로 조금이라도 피하기 때문에 상처가 진피까지 미치지 않을 수 있어요. 하지만 남의 손톱이 순식간에 피부를 긁으면 상처가 표피를 뚫고 들어갈 가능성이 상대적으로 높다는 게 전문가들의 설명입니다.

　사실 흉터도 피부조직의 일부예요. 구성 물질도 콜라겐과 섬유세포로 주변 피부와 같아요. 콜라겐이 뼈대를 이루고 섬유세포가 그 안을 채우고 있는 모양새지요. 피부조직 전체를 건물로 치면 콜라겐은 기둥, 섬유세포는 시멘트에 해당해요. 다만 흉터 속의 콜라겐과 섬유세포는 존재하는 양이나 비율 등이 보통 세포와 달라요. 상처 부위가 비정상적으로 재생되었다는 소리입니다. 그래서 보통 피부와 색깔이나 촉감 등도 다르지요.

　어린이집에서는 상처에 얇고 말랑말랑한 거즈처럼 생긴 걸 붙여 보냈어요. 다쳤을 때는 무조건 소독약이나 연고 바르고 밴드 붙이며 자란 제겐 생소한 약이었습니다. 습윤드레싱 제제래요.

　피부에 상처가 나면 보통 피와 함께 진물이 나오지요. 이때 더럽다고 생각해 진물을 닦아내는 사람이 적지 않아요. 하지만 진물에는 수분뿐 아니라 세균을 죽이는 백혈구와 피부조직 재생을 돕는 여러 가지 물질이 들어 있습니다. 진물이 없으면 감염 위험이 높아지고 상처가 잘 아물지 않아요.

습윤드레싱 제제는 상처 부위에 붙어 진물을 붙잡아둡니다. 소독약과 연고를 바르면 진물이 대부분 닦이거나 흘러내려 상처 부위가 건조해지는 경향이 있어요. 이에 비해 습윤드레싱 제제를 붙여 놓으면 상처 부위가 촉촉하게 유지되지요. 그래서 '습윤'이라는 이름이 붙었고요.

습윤드레싱 제제는 스스로 인공 딱지 역할도 하는 셈이에요. 피부에 상처가 나면 세균의 침입을 막기 위해 딱지가 생기고, 그 아래에서 재생이 일어납니다. 딱지가 일종의 보호막인 거죠. 습윤드레싱 제제는 딱지가 생기지 않고도 피부 재생이 정상적으로 일어날 수 있게 도와줍니다.

소독약과 연고로 대표되는 기존 상처 치료 방식은 건조드레싱이라고도 불러요. 일반적으로 습윤드레싱 방식이 건조드레싱에 비해 상처 회복 속도가 좀 더 빠르고 딱지도 잘 생기지 않습니다. 소독약과 연고는 세균 감염만 막아줄 뿐 딱지는 그대로 생기게 되지요. 결국 건조드레싱은 피부 자체의 재생 능력에 의존하는 치료 방법이라고 할 수 있어요.

현대 의학에서 상처 치료는 소극적 방법인 건조드레싱에서 적극적 방법인 습윤드레싱으로 바뀌는 추세라고 하네요. 엄마가 되지 않았으면 어쩜 몰랐을 변화입니다.

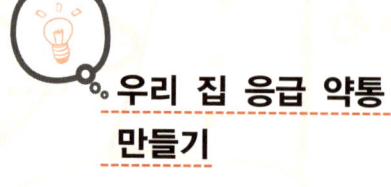

우리 집 응급 약통 만들기

아이에게 상처가 난 경우 상처가 깊지 않고 핏빛이 검붉으며 출혈 부위를 눌렀을 때 쉽게 지혈되면 정맥 출혈이니 크게 걱정하지 않아도 된다. 이렇게 비교적 가벼운 상처는 가정상비약만 제대로 써도 흉터 없이 아이를 키울 수 있다. 아이 키우는 집에 꼭 있어야 할 응급 약통, 뭘 넣어둘지 점검해보자.

식염수, 거즈, 연고, 붕대, 반창고, 일회용 밴드, 가위

넘어져서 피부가 까지는 찰과상을 입으면 우선 피가 나는 부위를 식염수에 적신 거즈로 닦아내거나 흐르는 수돗물로 씻어 이물질을 제거한다. 그리고 10분 정도 지그시 눌러 지혈한 다음 흉터를 최소화하는 연고를 딱지가 생기기 전후에 발라준다. 바른 뒤에는 그대로 두는 게 좋다. 붕대나 반창고를 대줘야 한다면 공기가 통하도록 붙인다.

과산화수소수, 소독약(베타딘이나 포타딘), 솜, 항생제 연고

손톱으로 할퀴거나 날카로운 도구에 베인 상처는 피부에 손톱이나 도구가 직접 닿았기 때문에 세균에 감염될 우려가 있다. 상처 부위를 흐르는 물로 씻고 과산화수소수나 소독약을 한 번만 발라준다. 소독약이 다 마르면 주성분이 항생제인 연고를 발라 염증을 막는다.

화상 전용 연고, 습윤드레싱 제제

피부 표면이 손상되지 않은 가벼운 화상일 경우 화상 전용 연고를 쓸 수 있다. 바르면 화끈거리고 따가운 자극을 줄여준다. 그러나 상처에서 물집이 벗겨지면 일반적인 상처 치료용 연고를 바르고 습윤드레싱 제제로 감싼 뒤 병원으로 가는 게 좋다. 상처 부위가 넓다면 맘대로 집에서 처치하기보다 지체 없이 병원으로 가 치료를 받아야 한다.

자료: 한림대의료원, 동국제약

처음 차멀미 한 날

　　　　　　　　　　　친정 갔다 집으로 돌아오는 차 안에서 아이가 자꾸 칭얼대길래 그냥 기분이 좀 안 좋은가, 하도 많이 놀아 피곤한가 했어요. 조금만 더 가면 집이라고 달랬는데도 계속 찡찡거리니 슬슬 저도 짜증이 나서 아이를 나무랐지요. 신 나게 잘 놀다가 왜 차 타니까 칭얼거리느냐고, 심심하면 엄마랑 이야기하거나 창밖을 구경하면서 놀고 졸리면 자면 되지 왜 찡찡대느냐고 말이에요. 아이 눈에는 금방 그렁그렁 눈물이 맺혔어요.

　　아이 눈물을 보고는 속으로 조금 더 참을걸 하고 뜨끔해하고 있는데, 갑자기 아이가 구역질을 하더니 앉은 자리에서 와락 토해버렸어요. 비닐봉지나 휴지 같은 걸 대줄 새도 없이 그냥 순식간이었지요. 아이를 안고 있었으니 아이나 저나 카시트나 모두 꼴이 엉망이 되었어요. 그렇게 되고 나서야 뒤늦게 깨달았습니다. 아이가 멀미를 했다는 것을요.

아이는 어른보다 멀미를 잘합니다. 두 살 이후부터 열두 살까지가 멀미가 가장 많은 시기라고 해요. 특히 차를 탔을 때 아이들이 멀미를 자주 하는 이유는 시야가 가로막혀 있기 때문이에요. 멀미는 눈으로 들어오는 시각 정보와 몸이 느끼는 움직임이 다를 때 나타나는 현상입니다. 자신의 의지로 움직일 때는 어떤 상황에서도 멀미를 하지 않지요. 외부 힘으로 움직일 때만 멀미가 생겨요.

몸집이 작은 아이가 차 안에 앉으면 의자에 가려 앞이 잘 안 보입니다. 키가 작은 아이에게는 창문도 높아요. 바깥이 잘 안 보이니 아이 눈에 들어오는 시각 정보는 정지해 있는 장면이지요. 하지만 아이 몸은 차의 움직임에 따라 흔들리게 돼요. 눈은 정지해 있어야 한다고 여기는데, 실제로 몸은 움직이고 있는 상황이지요. 기대하는 움직임과 실제 움직임이 다른 겁니다. 그래서 혼란에 빠진 아이의 몸은 잠이 오면서 속이 메스껍고 토하기도 하는 반응을 보이지요. 신경 기능이 완성되지 않은 데다 차 탄 경험이 많지 않은 것도 영·유아가 특히 멀미를 많이 겪는 이유입니다.

몸집이 큰 어른은 아이에 비해 창밖의 움직이는 풍경을 더 잘 볼 수 있어요. 시각 정보와 몸의 느낌이 일치한다는 이야기입니다. 그래서 아이보다 멀미를 덜 하지요. 물론 아이보다 자동차를 많이 타봐서 몸의 움직임을 자주 겪었으니 어느 정도 적응해온 덕분이기도 할 테고요. 쉰 살이 넘으면

멀미가 거의 없어진다고도 하네요.

개인차가 있긴 하지만 사람의 90퍼센트 정도가 멀미를 경험한다고 해요. 자동차뿐 아니라 비행기나 배, 옛날에는 가마를 탈 때도 멀미를 느꼈을 겁니다. 심하면 사람의 등에 업혀 갈 때 멀미 증상이 생기는 경우도 있고요. 흥미롭게도 로마의 장군 카이사르나 미국의 정치가이자 과학자인 벤저민 프랭클린도 멀미에 시달렸답니다. 영국의 제독 허레이쇼 넬슨은 뱃멀미를 심하게 앓았대요. 하지만 보통은 여자가 남자보다 멀미를 많이 겪습니다. 1분에 6~40번 정도 진동이 있을 때 가장 심하게 생긴다고도 알려져 있고요. 밤낮이나 식사 여부와는 별 관계가 없다고 합니다.

일단 아이에게 멀미 증상이 나타나면 차에서 내리게 하는 것 말고는 별다른 방법이 없지요. 치료약이 없으니까요. 그냥 편히 앉거나 드러누워서 신선하고 차가운 공기를 쏘이다보면 자연스럽게 나아집니다.

멀미를 예방하는 가장 좋은 방법은 약이에요. 먹는 약은 차 타기 1시간 전에 복용하고, 붙이는 약은 4시간 전에 붙여야 합니다. 증상이 생기고 나면 먹거나 붙여도 별 효과가 없어요. 단 먹는 약은 만 2세 이하, 붙이는 약은 만 7세 이하에게는 쓰면 안 됩니다. 감기약이나 해열제, 진정제 등을 복용 중이라면 멀미약을 먹이지 말아야 하고요.

버스라면 진동이 좀 덜한 앞자리에, 차가 달리는 방향과 같은 방향으로 아이를 앉히는 게 멀미를 피할 수 있는 방법입니다. 승용차에서는 바깥 풍경을 보게 하거나 놀이 등으로 관심을 다른 데 집중시켜야 하지요. DMB 시청은 오히려 어지럼증을 일으킬 수 있으니 가능하면 보지 않도록 하는 게 좋겠지요.

아이가 처음 차멀미를 한 날, 집에 도착하자마자 아이와 제 옷을 빨았어요. 며칠 지나 그 옷을 다시 입었더니 아이가 그러더군요. "엄마, 엄마, 그거 내가 토한 옷이지?" 태어나서 처음 겪은 멀미가 엄마만큼이나 아이의 기억에도 또렷이 남은 모양입니다.

아이는
어른과 달라요

　　　　　　　　　　아이가 40개월쯤 됐을 때였지요. 제가 집에서 대형 사고를 쳤습니다. 남편 휴대전화기를 빨았거든요. 주머니에 전화기가 들어 있는 줄 까맣게 모르고 남편이 벗어둔 옷을 무심코 세탁기에 넣어버린 거예요. 사태를 파악했을 땐 이미 한참 늦은 뒤였어요. 물과 세제를 한꺼번에 먹은 전화기는 예상대로 완전히 먹통이 되었지요. 결국 남편은 새로 샀어요. 우리 가족의 첫 스마트폰은 이렇게 해서 생겼습니다.

　　스마트폰을 제일 환영한 건 다름 아닌 우리 아이였어요. 작동법을 몇 번 가르쳐줬더니 엄마, 아빠 도움 없이도 좋아하는 노래나 애플리케이션을 척척 틀더군요. 뭔가로 억지를 부릴 때 스마트폰 쥐여주면 금세 조용해지니 솔직히 좀 편해지기도 했어요. 한편으로는 벌써부터 전자 기기를 갖고 놀게 하는 게 아이에게 좋을 것 없다는 생각을 하면서도 말이에요. 전자파 때문이지요.

전자파의 원래 이름은 전기자기파예요. 전기장과 자기장의 두 가지 성분으로 구성된 파동이라는 뜻이지요. 두 성분이 서로 앞서거니 뒤서거니 하며 공기 중에서 빛만큼 빠른 속도로 퍼져나가요. 전자파가 인체에 미칠 수 있는 영향으로 전문가들은 크게 두 가지를 이야기합니다. 주파수가 높고 세기가 강한 전자파에 노출될 경우 체온이 올라가 세포나 조직의 기능에 영향을 주는 열작용과 주파수가 낮고 세기가 강한 전자파에 노출되었을 때 몸에서 전류가 유도돼 신경이나 근육에 영향을 주는 자극 작용이에요.

이런 작용들이 실제로 사람 몸에 어떤 영향을 구체적으로 얼마나 끼치는지에 대해서는 전문가들 사이에서도 여전히 갑론을박이 벌어지고 있습니다. 세계보건기구WHO가 최근 휴대전화 전자파를 발암물질로 분류하기도 했지만, 한편에서는 전자파가 인체에 직접적으로 악영향을 끼친다는 결정적인 증거는 아직 부족하다는 주장도 나오고 있으니까요. 어쨌거나 전자기기에서 나오는 전자파가 인체에 아예 무관하다고 단정할 수는 없고, 인체에 영향을 끼친다면 어른보다 아이에게 좀 더 해로울 수 있다는 데는 많은 전문가들이 동의하는 분위기입니다.

실제로 최근 전자파가 어른보다 아이에게 더 해로울 수 있음을 시사하는 연구 결과가 국내에서 나오기도 했어요. 한국전자통신연구원ETRI 전자파공학 연구팀이 1세, 3세, 5세, 7세 남자아이 인체 조직 데이터를 컴퓨터에 넣

고 전자파가 얼마나 흡수되는지 시뮬레이션을 돌려봤습니다.

　그 결과 5세 남자아이의 전신 평균 전자파 흡수율 최대치는 몸무게 1킬로그램당 124마이크로와트였어요. 20세 성인 남자가 1킬로그램당 83마이크로와트인 데 견주면 약 1.5배나 되는 거지요. 1세는 1킬로그램당 117마이크로와트, 3세와 7세는 각각 119마이크로와트로 모두 20세 남자의 1.4배를 넘었습니다.

　인체 조직에 전자파가 흡수되면 순간적으로 온도가 올라갑니다(열작용). 그러다 인체의 자동 온도 조절 시스템이 작동하면 다시 정상으로 돌아오지요. 전자파가 인체에 구체적으로 얼마나 해로운지 아직 명확하지는 않지만, 심하게 노출되면 조직 온도가 급상승해 생리 기능에 문제가 생길 수 있을 거라고 과학자들은 예상하고 있어요. 세기가 같은 전자파에 노출되었을 때 발달 정도가 다른 아이와 어른 조직이 받는 영향에 차이가 있을 수 있다는 추측도 가능하겠지요.

　실제로 연구팀의 시뮬레이션 결과 전자파 흡수율 최대치가 측정된 주파수가 키에 따라 달랐다고 해요. 키가 작을수록 주파수가 높은 전자파를 많이 흡수했습니다. 연령대별로 유의해야 할 주파수 대역이 다르다는 의미지요. 그래서 과학자들은 전자파를 흡수하는 양상이 어른과 다른 어린이의 신체 특성을 고려해서 새로운 기준을 만들 필요성이 있다고 설명합니다. 현재 전자파 방출을 규제하는 국제 권고 기준은 키가 170센티미터인 성인을 모델로 정해져 있으니까요.

　　연구팀은 전신에 대한 영향을 측정했어요. 하지만 신체 일부분에 집중해서 사용되는 전자기기도 많지요. 대표적인 게 휴대전화고요. 머리 크기나 귀 모양 등에 따라 휴대전화에서 나오는 전자파의 영향에 개인차도 크다고 알려져 있어요. 전자파가 우리 아이들의 건강에 과연 어떤 영향을 끼치는지 정확한 연구가 절실한 시점입니다.

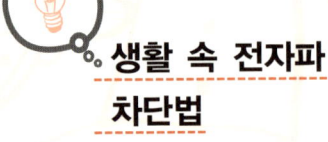

생활 속 전자파 차단법

2009년 방송통신위원회는 전국 초등학교와 병원, 인구 밀집 지역, 지하철 역사 등 1,260개 장소에서 나오는 다양한 전자파의 세기를 측정했다. 그 결과 가장 높은 곳이 전자파인체보호기준값의 약 400분의 1 수준이었다. 다른 장소에서도 대부분 기준값의 1,000분의 1 정도로 매우 낮게 나타났다. 일상생활에서 접하는 전자파의 세기는 안전한 수준이지만, 예방 차원에서 전자파 노출을 좀 더 줄일 수 있는 방법을 소개한다.

휴대전화는 어떻게 사용하는 게 좋을까?

통화할 때 휴대전화와 머리의 거리를 가급적 멀리 하고, 통화는 최대한 짧게 한다. 이어폰이나 스피커폰, 핸즈프리 등을 사용하면 좋다. 통화보다는 문자메시지를 많이 사용하는 것도 방법이다.

휴대전화를 특히 주의해야 할 사람은?

임산부나 어린이는 휴대전화 사용을 가급적 자제한다. 심장 박동기를 사용하는 사람은 휴대전화를 윗옷 안주머니에 넣고 다니지 않는다.

가전제품의 전자파 영향을 줄이려면?

가까이 밀착해서 전자파를 측정해도 가전제품에서 측정된 값은 대체로 기준의 10분의 1에서 10만분의 1 정도로 매우 미약한 것으로 나타났다. 특히 우려가 많은 전기장판도 기준 대비 60분의 1 미만 수준이었다. 그래도 모든 가전제품은 가급적 짧은 시간 동안 쓰고, 사용 이후에는 항상 전원을 뽑는 게 좋다.

특히 주의해야 할 가전제품은?

전자레인지의 오른쪽 면에서 다른 가전제품에 비해 상대적으로 높은 전자파가 나올 수 있다. 고압 변압기에서 자기장이 많이 발생하기 때문인 것으로 확인됐다. 그러나 전자레인지를 작동할 때 30센티미터 이상 떨어져 사용하면 큰 문제는 없다. 또 작동 중 너무 가까운 거리에서 내부를 들여다보는 것은 삼가길 권한다.

자료: 방송통신위원회

조금은 둔한 엄마 되기

저녁을 먹고 마루에서 아빠 스마트폰으로 사진 찍기 놀이를 한창 하던 아이가 갑자기 팔딱팔딱 뛰며 "함무, 함무" 하고 할머니를 애타게 찾았어요. 손자 목소리라면 자다가도 벌떡 일어나시는 시어머니께서 "아이구, 내 강아지" 하시며 한달음에 아이 곁에 다가와 앉으셨지요. 아이는 할머니께 스마트폰 화면을 자랑스럽게 보여드리며 "여기 가으이 이쪄요" 하더군요.

가을이는 시댁에서 기르던 개예요. 아이가 세 돌 반쯤 되었을 때 세상을 떴어요. 어머니가 자식처럼 애지중지하셨지만 변변한 사진 하나 안 남겨두었다고 마음 아파하셨는데, 마침 아이가 남편의 스마트폰에서 예전에 찍어둔 가을이 사진을 발견한 겁니다. 어머니는 "진짜 가을이 맞네? 아이구, 내 강아지 이렇게 예쁠까?" 하시며 가을이 사진과 아이를 번갈아 쓰다듬으

셨지요.

    사실 저도 가을이한테 미안한 게 있습니다. 아이 낳고 산후 조리부터 시댁 신세를 져야 했는데, 갓난아이가 있는 집에 개가 함께 산다는 게 꽤나 찜찜했어요. 혹 아이에게 아토피피부염 같은 알레르기 질환이 생기지나 않을까 걱정되면서 말이지요. 애완동물의 털이나 배설물이 알레르기를 일으키는 주요 원인이라고 들었거든요. 결국 남편이 어머니께 양해를 구하고 가을이를 몇 달 동안 친척 집에 맡겼습니다.

    많은 엄마들이 갓난아이는 면역력이 약하기 때문에 깨끗한 환경에서 지내야 한다고 생각하지요. 애완동물을 기르면 아무래도 동물이 없는 집보다는 미세한 털이나 미생물이 하나라도 더 있을 수 있으니 아이에게 좋지 않을 거라고 여기는 듯해요. 하지만 과학적으로 애완동물이 알레르기를 유발한다고 보기 어렵다는 연구 결과가 최근 나왔습니다.

    한림대학교 성심병원 소아청소년과 이소연 교수팀은 대도시(서울)와 소도시(정읍시), 시골(정읍) 세 지역에 사는 아홉 살에서 열두 살 어린이 1,749명을 대상으로 환경 요인과 알레르기 질환의 관계를 조사했어요. 그 결과 애완동물을 키우는 경우 알레르기 발생과 연관성을 나타내는 비율 odd ratio이 0.567로 나왔습니다. 이 값이 1 이하면 관계가 없다는 뜻이에요. 100일 전후부터 40여 개월까지 가을이와 한집에서 자란 우리 아이 역시 아직 아무런 알레르기가 나타나지 않았어요.

전문가들은 여러 미생물이나 먼지 등에 조금씩 노출되는 환경이 오히려 아이의 면역력을 향상시키는 데 도움이 될 수도 있다고 봅니다. 어릴 때부터 지나치게 깨끗하게 키우면 미생물에 노출될 기회가 없어 면역 체계가 제대로 갖춰지지 못하기 때문에 조금만 다른 환경을 만나도 알레르기가 생긴다는 이른바 '위생가설'과도 일맥상통하는 이야기죠.

연구에서 알레르기 발생과 분명한 연관 관계를 보인 것은 바로 항생제라고 합니다(odd ratio 1.535). 영·유아 때 항생제를 많이 먹을수록 알레르기 질환이 생길 가능성이 커진다는 소리지요. 콧물 조금 나고 기침 조금 한다고 무작정 약부터 찾는 습관이 오히려 알레르기를 부를지도 모릅니다.

주변을 둘러보면 아이가 알레르기나 아토피피부염이 있다는 집이 사실 적지 않아요. 심하게는 아니어도 한 번 앓은 적이 있다든지, 종종 재발한다든지 하는 이야기도 심심찮게 들리니까요. 아이에게 아무런 증상이 없어도 텔레비전에서 아토피피부염으로 고생하는 아이들 이야기라도 보면 지레 겁부터 먹는 게 엄마 마음이지요.

엄마가 아이에게 제일 손쉽게 신경 써줄 수 있는 게 바로 음식입니다.

어디에 안 좋다는 말이 조금이라도 들리면 일단 피하고 싶어지고요. 가장 빈번한 예가 바로 달걀과 돼지고기, 우유예요. 이들 음식이 아토피피부염을 일으킨다고 아는 엄마들이 꽤 많습니다.

하지만 음식만으로 없던 아토피피부염이 새롭게 생길 가능성은 그렇게 크지 않다고 전문가들은 설명합니다. 게다가 아토피피부염이 이미 있는 아이가 음식만 가려 먹는다고 해서 좋아지는 사례도 그리 많지 않다는 거예요. 아토피피부염은 음식뿐 아니라 여러 가지 요인이 복합돼서 나타나기 때문입니다.

한림대학교 강남성심병원 피부미용성형센터 박천욱 교수팀이 두 살에서 열여덟 살 사이인 아토피피부염 환자 95명을 대상으로 음식에 과민 반응을 보인 적이 있는지를 물어보았습니다. 그 결과 44.2퍼센트인 42명이 경험이 있다고 답했어요. 그러나 이들에게 과민 반응을 겪었다는 음식을 공복 상태에서 먹게 한 뒤 피부 반응을 살펴보았더니 실제로 양성이 나타난 경우는 7.4퍼센트(일곱 명)에 지나지 않았다고 해요. 연구팀은 특히 많은 환자들이 아토피피부염 증상을 악화시킨다고 생각한 돼지고기에 대해 과민 반응을 검사한 결과, 거의 영향이 없는 것으로 나타났다고 밝혔습니다.

학계에는 달걀이나 우유에 과민 반응을 보이는 아이라도 만 3세가 넘으면 대부분 자연스럽게 과민 반응이 사라진다고 알려져 있어요. 그 이유는 아직 밝혀지지 않았고요. 어려서 나타난 과민 반응이 어른이 되어서까지 계속되는 음식은 땅콩 등 극히 일부에 지나지 않다고도 합니다. 서양인에 견줘 우리나라 사람들에게는 다행히 땅콩 알레르기가 드문 편이라고 하고요.

아토피피부염이 있는 아이는 키가 잘 안 큰다며 걱정하는 엄마들도 가끔 있어요. 전문가들은 아토피피부염 자체 때문이 아니라 명확한 근거 없이 음식을 가려 먹여 성장 발달에 지장이 생겼기 때문일 수 있다고 지적합니다. 음식 때문에 피부에 이상이 생긴다고 짐작되면 일단 병원에서 정확한 검사를 받아 과민 반응 여부를 확인해보는 게 바람직하겠지요.

엄마가 되면 귀가 얇아집니다. 특히 아이 건강과 관련된 이야기에는 더 솔깃하고 과민해지지요. 수많은 소문과 짐작들 사이에서 엄마 스스로 중심을 잡고 정확한 정보를 가려내기란 쉽지 않은 일이에요. 때로는 둔감해질 필요도 있을 것 같습니다.

어디서 솔솔
고기 냄새가?

　　　　　　　　　　아이 키우는 데 돈이 참 많이 든다고 들 하지요. 사실 아이가 대소변을 가려 기저귀가 필요 없어지고, 분유 떼고 밥 먹기 시작할 때까지만 해도 이 이야기에 선뜻 공감하지는 못했어요. 장난감이나 옷이야 비싸지 않은 걸로만 가끔 사니까 큰돈 들 일이 많지 않기도 했고요. 그런데 얼마 지나지 않아서 사정이 달라졌어요. 그게 언제부터였냐 하면, 그러니까 아이가 고기 맛을 알게 되면서부터였던 것 같네요.

　　우리 식구는 한 달에 한 번 정도 주말에 외식을 하는 편이에요. 굳이 가족 모임이나 다른 행사 자리가 아니어도 말이죠. 평일에 남편과 아이와 셋이 함께 지내는 시간이 많지 않아 미안한 마음과 편하게 남이 해주는 밥을 먹고 싶은 마음이 합쳐져서가 아닐까 싶어요.

　　외식 장소가 정해진 행사 자리가 아니면 대부분 집 근처 고깃집에 갑니다. 고기 2인분을 시켜 불판에 얹고 지글지글 익는 소리를 들으며 남편과 전 소주잔을, 아이는 사이다 잔을 부딪치다보면 한 주 동안 쌓인 피로가 싹 달아나지요.

　식당에서 한시도 가만히 못 앉아 있는 아이지만, 고기가 익었다 하면 금세 얌전해져요. 식당엘 좀 늦게 간 날이면 불판에 고기를 얹기가 무섭게 고기는 도대체 언제 익는 거냐며 옆에서 빨리 달라고 보채기도 하지요. 이 녀석이 1인분 넘게 먹어치우는 바람에 2인분을 시켜놓으면 제 몫으로는 언제나 된장찌개만 남곤 합니다. 그 맛을 잊지 못하는지 아이는 주말이면 종종 "엄마, 꼬기 먹고 싶어요"라며 졸라요. 주머니 사정상 고깃집 가기 어려우면 집에서라도 신문지 깔고 구워줘야지요.

　인류의 진화 과정과 음식 섭취의 상관관계를 연구하는 진화영양학자들은 인간이 다른 영장류와 구별되는 생김새와 지능을 갖도록 진화할 수 있었던 이유가 바로 고기를 먹었기 때문이라고 설명하기도 합니다. 따뜻하고 울창한 숲에서 과일을 따 먹으며 살았던 영장류는 주로 고릴라나 침팬지, 원숭이로 진화했어요.

　반면 먹을 것이 풍족하지 않은 건조한 초원 지역에 적응해야 했던 영장류는 생존을 위해 사냥을 시작했다지요. 그러면서 입맛이 점점 잡식성이 되었고, 두 발로 설 수 있게도 됐습니다. 이렇게 해서 약 700만 년쯤 전에 원시인류인 오스트랄로피테쿠스가 출현했다는 설명입니다.

　원시시대에도 인류의 음식 섭취량 중 20~40퍼센트가 고기였다고 해요. 200종이 넘는 영장류 가운데 인간이야말로 고기를 먹은 비율이 가장 높아요. 침팬지는 5퍼센트도 안 돼요. 인류학자들은 인간이 고기를 먹기 위해 사냥을 하면서 언어와 뇌가 발달했을 것으로도 추측합니다. 뇌가 형성되는 데에 꼭 필요한 영양분인 비타민B12가 채소나 과일에는 없고, 고기나 달걀에만 들어 있다는 점도 이 같은 추측을 뒷받침하는 근거지요.

　고기의 영양 성분은 성장 발달에도 중요해요. 특히 성장기 유아가 고기를 잘 안 먹으면 빈혈에 걸리기 쉽습니다. 철분이 부족해지기 때문이에요. 물론 채소에도 철분은 들어 있어요. 그러나 고기와 채소 속의 철분은 좀 달라요. 고기에 들어 있는 철은 피에 산소를 실어 나르는 단백질인 헤모글로빈과 결합한 형태(헴철)로 존재해요. 이 헴철은 채소에 든 보통 철분보다 사람 몸에 네 배 정도 더 잘 흡수되지요.

　아이가 고기를 좋아하니 자연스럽게 엄마인 저도 관심이 늘었어요. 쇠고기, 돼지고기 같은 붉은 고기와 닭고기, 오리고기 같은 흰 고기는 영양학적으로 다르다고 해요. 붉은 고기에는 핏속 콜레스테롤 농도를 올리는 포화지방산이, 흰 고기에는 뇌 발달에 꼭 필요한 불포화지방산이 많습니다.

　다행히 우리 아이는 고기라면 소든 닭이든 오리든 가리질 않아요. 고마울 따름이지요. 아이가 점점 자라면서 고깃집에 갈 때마다 남편이 웃으면서 그러네요. 다음부터는 고기 3인분 시켜야겠다고, 우리 돈 많이 벌어야겠다고 말이에요. 아직은 2인분으로 버티고 있는데, 머지 않아 "1인분 추가요" 하게 될 것 같네요.

돼지고기 건강하게 먹기

아이에게 좋은 고기 준다고 쇠고기만 골라 먹이는 엄마들도 적지 않다. 하지만 돼지고기도 쇠고기 못지않다.

올레산, 리놀렌산처럼 건강에 좋은 불포화지방산은 오히려 쇠고기에 비해 상대적으로 더 많이 들어 있다. 곡류 섭취가 많은 우리나라 사람들에게는 탄수화물 대사에 쓰이는 비타민B1이 중요한데, 돼지고기에는 비타민B1이 쇠고기보다 약 열 배나 많다. 비만이 사회 문제로 대두되고 있어 돼지고기를 꺼리는 사람도 있지만, 적당한 지방은 성장기에 꼭 필요한 영양소다. 요리할 때 다음과 같은 몇 가지 주의점만 잘 지키면 돼지고기도 훌륭한 보양식이다.

100도 이하에서 조리하기

높은 온도에서 튀기거나 바비큐를 하면 헤테로사이클릭아민HCA이 생긴다. HCA는 돼지고기나 닭고기, 생선을 익힐 때 근육을 이루는 아미노산과 크레아틴이 반응해 만들어지는 인체 유해 물질이다. 100도 이하에선 거의 생성되지 않지만 200도 이상에선 세 배나 증가한다. 가급적 100도 이하에서 삶거나 쪄 먹는 게 바람직하고, 고온에서 조리할 땐 짧은 시간에 끝내는 게 좋다. 마늘이나 양파 같은 천연 향신료나 올리고당을 돼지고기와 함께 넣으면 HCA 생성을 어느 정도 억제할 수 있다.

새우젓, 표고버섯, 콩으로 궁합 맞추기

돼지고기를 먹고 설사를 하는 식구가 있으면 새우젓과 함께 먹는 게 좋다. 새우젓에는 지방분해효소가 들어 있어 돼지고기의 지방을 잘게 잘라 소화를 돕는다. 표고버섯은 독특한 향으로 돼지고기의 누린내를 없애주고, 에리다데민이라는 성분이 콜레스테롤 수치를 낮춰준다. 비지 같은 콩 제품과 돼지고기를 함께 조리하면 콩 속의 불포화지방산과 비타민E, 레시틴 같은 성분이 혈관 벽에 콜레스테롤이 쌓이는 걸 막아준다.

완전히 익혀 먹기

돼지의 몸에는 머리에 갈고리 모양이 있는 갈고리촌충(유구촌충)이 기생한다. 돼지가 이 기생충의 알을 먹으면 돼지의 몸속에서 갈고리촌충이 부화해 근육으로 들어간다. 이렇게 감염된 돼지고기를 사람이 먹으면 갈고리촌충이 사람 소장으로 들어가 8~10주 후 성충이 돼 설사나 구토를 일으킬 수 있다. 갈고리촌충은 섭씨 77도 이상에선 죽기 때문에 돼지고기는 완전히 익혀서 먹는 게 중요하다.

자료 : 식품의약품안전청

아이 달래는 특효약

　　　　　　　　　　　　아이가 별 이유 없이 칭얼거릴 때 엄마는 참 당황스럽지요. 특히 여러 사람이 모여 있는 공공장소나 조용한 실내에서는 얼마나 더 난감한지 몰라요. 무턱대고 아이에게 화를 내기도 그렇고, 뭐가 좀 불편해도 잠시만 참으라고 타이르기엔 아이가 너무 어리니까요. 몇 번 이렇게 난감한 경험 끝에 나름 방책을 찾았어요.

　　바로 사탕입니다. 단것 많이 먹으면 아이 건강에 좋을 리 없다는 거 잘 알지만, 그래도 급할 때는 사탕만 한 특효약도 없거든요. 가방에 한두 개씩 넣고 다니다 아주 결정적으로 난감한 순간에 아이 입안에 쏙 넣어주면 금세 조용해지니 말이에요.

　　음식에서 단맛을 내는 성분이 바로 당류지요. 당류는 몸속에서 분해돼 에너지를 내는 역할을 합니다. 사람이 살아가기 위해 꼭 필요한 성분이라는 이야기예요. 그래서 과학자들은 인간이 본능적으로 단맛을 찾도록 진화해 왔다고 설명하기도 합니다. 단것은 먹고 나도 금방 또 먹고 싶어지지요. 우리 혀가 쓴맛에 비해 단맛에 좀 무디기 때문이에요. 쓴맛은 아주 적은 양이라도 용케 감지하고 오래가지만, 단맛은 어느 정도 지나면 사라지지요. 그래야 계속해서 당을 섭취하며 에너지를 확보할 수 있으니 이게 바로 생존을 위한 진화의 전략이라는 겁니다.

당이라고 해서 설탕만 떠올리는 건 오산이에요. 설탕 말고도 단맛을 내는 성분은 엄청나게 많으니까요. 과학자들이 당류를 구분하는 기본적인 기준은 감미도입니다. 예를 들어 설탕의 감미도를 1이라고 했을 때, 사카린은 300에서 500 정도예요. 맹물에 넣었을 때 처음 단맛이 느껴지는 농도가 사카린이 설탕의 300분의 1에서 500분의 1이라는 뜻입니다. 그러니까 사카린이 설탕보다 훨씬 적은 양으로도 단맛을 낼 수 있다는 뜻이지요.

사람의 혀에는 단맛을 감지하는 단백질(수용체)이 여러 개 있어요. 당이 일정 개수 이상 수용체에 달라붙으면 혀가 단맛을 느끼기 시작하는 겁니다. 과학자들은 사카린 분자가 설탕보다 수용체에 잘 달라붙는다고 생각하고 있어요. 잘 달라붙을수록 적은 양으로도 단맛을 느끼게 할 수 있기 때문이에요.

매일 쓰는 치약에도, 밥 대신 찾는 빵에도 사실 당이 들어 있어요. 치약이나 빵에 공통적으로 들어가는 당 성분이 바로 솔비톨이에요. 치약이 딱딱

하게 굳는 걸 막아주고, 빵을 오랫동안 촉촉하게 유지해주는 역할을 하지요. 솔비톨은 감미도가 0.7에서 0.8로 설탕보다도 작아요. 그래서 일정한 정도로 단맛을 내려면 설탕보다 많은 양이 필요해요.

　감미도와 함께 감미질도 당류를 나누는 기준이 됩니다. 사실 달다고 해서 다 똑같은 단맛이 아니거든요. 당 성분마다 단맛의 질이나 느낌이 다르고, 시간에 따라 단맛이 변하기도 해요. 바로 이게 감미질이지요. 예를 들어 말티톨은 단맛이 입안에 오래 남지 않고 산뜻해요. 자일리톨은 뒷맛이 싸하고요. 말티톨을 주로 사탕에, 자일리톨을 껌에 넣는 이유가 바로 이 때문이지요. 아스파탐은 단맛이 유독 입안에 오래 남습니다. 분자 크기가 설탕의 약 200분의 1밖에 안 되다보니 입안 구석구석 들어가서 잘 빠져나오지 못하기 때문이에요.

　당류를 먹었을 때 감미도나 감미질을 느끼는 정도는 사람에 따라 달라요. 음식에 같은 양의 당을 넣어도 누구는 달다 하고, 누구는 심심하다 하잖아요? 또 누구는 뒷맛이 쓰다 하고, 누구는 그런 느낌 잘 모르겠다 하고요. 혀에서 당 분자와 달라붙어 단맛을 감지하게 하는 수용체의 수나 결합력, 민감도 등이 사람마다 다르기 때문일 것으로 과학자들은 추정하고 있습니다.

　식품 회사들은 원하는 단맛을 만들어내기 위해 여러 가지 당을 섞거나 새로운 당을 찾아내기도 하지요. 최근에는 우유에 적은 양이 들어 있는 타가토스처럼 설탕과 감미도는 비슷하지만 열량은 낮아 혈당(핏속 포도당)이 높아지지 않게 하는 기능성 당류가 주목받고 있어요. 실제로 최근에는 국내 한 식품 회사가 타가토스를 건강기능식품으로 내놓았고요.

　식품에 쓰이는 당류는 점점 많아지는 추세입니다. 한동안 발암물질로 의심받아 음식에 사용이 제한되었던 사카린도 오명을 벗고 있지요. 최근 세계보건기구WHO가 발암물질이 아니라고 결론을 내렸거든요. 우리나라 식품의약품안전청은 소스류와 탁주, 소주, 껌, 잼류, 양조간장, 토마토케첩, 조제커피 등 여덟 가지 식품에 대해 사카린을 사용할 수 있는 기준을 새로 마련하고 있어요.

　그런데 엄마로서는 그렇게 수많은 당 중에서 정작 우리 아이가 어떤 당을 언제 얼마나 먹고 있는지 정확히 알 길이 없습니다. 특히나 단것을 좋아하는 아이를 기르는 엄마로서는 무심코 먹는 음식들 속에 들어 있는 당이 얼마나 되는지, 그게 아이에게 어떤 영향을 끼칠 수 있을지도 알고 싶지요. 어디 그런 프로그램 개발해줄 수 있는 과학자 없을까요? 우리 아이들이 먹는 단맛 성분이 발암물질만 아니면 되는 건 아니니까요.

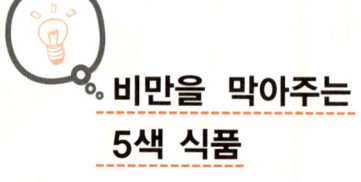
비만을 막아주는 5색 식품

설탕만 피한다고 될 일이 아니다. 비만을 일으키는 식품은 설탕 말고도 곳곳에 많다. 다행히 반대로 비만을 막아주는 고마운 식품도 적지 않다. 소아 비만은 아이의 건강한 성장에 걸림돌이 될 뿐 아니라 성인병으로 가는 지름길이다. 비만을 막아주는 대표적인 식품들, 흥미롭게도 다섯 가지 색깔로 분류된다. 아이가 어려서부터 이들 식품과 친해지도록 해주면 어떨까? 단 지나치게 먹으면 아무리 좋은 음식이라도 약보다는 독이 된다는 사실은 잊지 말아야 한다.

흰색: 섬유질이 많은 양파

양파에 들어 있는 플라보노이드라는 성분이 몸속에 들어가면 콜레스테롤 농도를 낮춰 비만을 억제해준다는 연구 결과가 있다. 열량이 낮고 섬유질이 많은 덕분에 체중 조절에 도움이 된다는 견해도 많다. 실제로 양파를 비롯해 배추나 샐러리처럼 섬유질이 많은 식품은 먹은 음식이 빨리 흡수되지 못하게 방해하며 배가 부른 느낌을 준다. 그러니 과식을 안 하게 된다. 고사리와 취나물, 시래기처럼 거친 나물에도 섬유질이 많다.

갈색: 열량이 낮은 해조류

미역이나 다시마 역시 양파처럼 열량이 낮고 섬유질이 많아 포만감을 준다. 특히 무기질 영양소가 풍부하게 들어 있다. 또 해조류에 들어 있는 특정 성분이 다이어트에 도움을 준다는 연구 결과가 나오기도 했다. 해조류처럼 낮은 열량에 비해 영양소가 많아 다이어트에 안성맞춤인 식품으로 전문가들은 버섯을 꼽는다. 고기와 비슷한 질감도 포만감을 주는 데 한몫한다.

검은색: 지방이 덜 쌓이는 콩
검은콩과 검은깨, 검은 쌀 같은 이른바 '블랙푸드'는 저인슐린 다이어트 식품이다. 핏속에 당 성분(혈당) 농도가 높아지면 체지방을 저장하는 역할을 하는 인슐린이 많이 나온다. 블랙푸드는 같은 양을 먹었을 때 다른 식품에 비해 혈당을 덜 높이기 때문에 체중 조절에 유리하다.

빨간색: 지방을 태우는 고추
고추의 매운맛을 내는 성분인 캅사이신은 몸의 대사 작용을 활발하게 해 에너지 소비량을 늘린다. 또 지방을 태워 열을 내는 작용도 돕는다. 식품 전문가들은 이 때문에 캅사이신이 체중 조절에도 조금은 도움이 될 것으로 본다. 그러나 매운맛이 오히려 식욕을 자극하기도 한다.

초록색: 지방을 활용하는 녹차
녹차의 카테킨 성분이 비만을 억제한다는 사실은 이미 많이 알려져 있다. 카테킨은 우리 몸이 지방을 쌓아놓지 않고 에너지원으로 이용하는 효율을 높인다.

잠 못 자는 아기, 혹시 배앓이?

　　　　　　　　　　아이가 첫돌이 지나면서 "이젠 좀 살 만해졌다" 싶었던 가장 큰 이유는 밤에 잠을 푹 잘 수 있게 됐기 때문이지요. 신생아는 밤낮이 따로 없으니 엄마들, 특히 다음 날 출근해야 하는 직장맘들은 하루 종일 비몽사몽이기 일쑤예요.

　　무수히 '잠 못 드는 밤'을 보내고 저와 아이가 생체리듬을 맞춰가던 두 돌 즈음, 저보다 늦게 아이를 낳은 친구에게서 문자메시지를 받았어요. 잠 좀 한숨 푹 자는 게 소원이라고 하더군요. 아기가 밤에도 자꾸 깨 칭얼대는 통에 부부가 거의 뜬 눈으로 밤을 보내고 있다고요. 이야기를 들어보니 친구의 아이는 엄마, 아빠의 단잠을 방해하는 정도가 우리 아이보다 훨씬 더 한 것 같았어요. 신생아를 키우는 부모라면 흔히들 겪는 일이니 조금만 참고 힘내라는 응원 메시지를 답장으로 보냈습니다.

건강 다이어리 ☺ 먹고 마시기

그런데 그 뒤 얼마 지나지 않아 새로운 사실을 알았어요. 아기가 잠을 잘 못 자고 칭얼댈 때는 남다른 이유가 있을 수 있다는 거예요. 전문가들이 말하는 그 남다른 이유는 바로 배앓이입니다. 물론 밤에 자주 깨거나 운다고 해서 모두 다 배앓이라고 볼 수는 없고요. 배앓이로 잠 못 자는 아기는 특징이 있습니다.

아기가 숨이 넘어갈 듯 크게 울며 보채고, 우는 동안 얼굴이 빨개지면서 입 주위가 창백해진다면 배앓이를 의심해볼 수 있다는 거예요. 모유나 분유를 먹은 지 시간이 꽤 지났는데도 아기의 배가 빵빵하게 불러 있다면 배앓이일 가능성이 더욱 높다고 합니다. 특히 열대야가 계속되는 한여름에는 더위 때문에 생기는 스트레스도 아기에게 배앓이를 일으킬 수 있습니다.

배앓이가 생기는 직접적인 원인으로 전문가들이 지목하는 건 다름 아닌 분유예요. 분유의 주요 성분은 단백질이지요. 사람 몸에 단백질이 들어오면 효소가 잘게 잘라 펩타이드 형태로 만듭니다. 그래야 장까지 잘 내려가서 소화되니까요.

하지만 영·유아 시기에는 소화 체계가 미숙해서 분유 속 단백질이 간혹 펩타이드가 아니라 좀 더 큰 덩어리 상태로 장에 도달하기도 해요. 바로 이럴 때 아기는 장이 더부룩해지면서 배앓이를 하게 되죠. 최근 유럽에서 나온 연구 결과를 보면 분유를 먹는 아기의 10~30퍼센트가 배앓이를 경험하는 것으로 나타났습니다.

　좀 더 민감한 아기는 미처 소화되지 못한 단백질 덩어리를 아예 외부에서 침입한 이물질(항원)로 인식하기도 한대요. 우리 몸은 이물질이 들어오면 맞서 싸우기 위해 면역 체계가 작동하기 시작하지요. 그래서 면역반응이 일어납니다. 이는 피부 두드러기나 가려움증 같은 우유 단백질 알레르기로도 이어질 수 있어요.

　배앓이나 우유 단백질 알레르기는 흔히 분유를 끊으면 없어져요. 하지만 모유가 부족하거나 아기가 아직 밥을 먹지 못할 때는 분유가 유일한 단백질 공급원이에요. 그러니 배앓이가 있다고 해서 무턱대고 분유를 끊을 수도 없는 노릇이지요. 그래서 유럽에서는 일찍부터 배앓이나 우유 단백질 알레르기를 겪는 아기에게 특수한 분유를 먹였다고 하네요. 단백질을 미리 소화되기 쉬운 형태로 잘라(가수분해) 만든 분유죠. 최근에는 국내에서도 이런 분유를 찾아볼 수 있게 됐습니다.

　우리 아이도 모유가 부족해 일찍부터 분유를 먹었어요. 처음에 어떤 분유를 먹일지 골라야 할 때 솔직히 전 거의 고민하지 않았어요. 산후조리원에서 먹이던 걸 별 생각 없이 그대로 먹였거든요. 돌아보니 아이에게 살짝 미안해지기도 하네요. 혹시 백일 되기 전에 밤에 깨서 울던 게 혹시 분유가 안 맞아 속이 안 좋았기 때문은 아니었을까 하고 말이에요. 다행히 큰 탈 없이 잘 넘어가긴 했지만요.

　유독 밤잠을 못 자는 갓난아기 때문에 친구가 고생하던 그때 우리 아이는 분유 뗀 지 한참이었어요. 그래도 오지랖 때문인지 엄마라는 이름 때문인지 밤새 칭얼댄다는 친구 아기가 못내 걱정이 되었지요. 배앓이가 아닐지 한번 찬찬히 살펴보라고 연락했어요. 그 친구의 아이도 지금은 다행히 별 탈 없이 쑥쑥 자라고 있답니다.

극성과 정성 사이

이른 아침부터 친척들이 모여 집 안이 북적인 추석날이었어요. 두 돌을 넘긴 아이가 아주 신이 났지요. 촌수를 따져보면 삼촌뻘 아저씨를 "형아"라고 부르며 찰싹 달라붙어 있더군요. 형아랑 깐 밤을 나눠 먹다 가게 가시는 작은할머니를 보더니 또 대뜸 따라 나서는 거예요. 얼마 있다 함박 웃으며 들어온 아이의 두 손엔 사탕 봉지가 들려 있었어요.

이렇게 종일 땀까지 흘리며 놀다 먹다를 계속하더니, 아니나 다를까 늦은 오후 뿌지직 하고 바지에 실례를 했습니다. 평소와 다른 음식을 워낙 많이 먹은 데다 갑자기 여러 사람을 만나 살짝 긴장한 탓인지 장에 문제가 생긴 듯했어요. 사실 명절이면 아이뿐 아니라 어른도 비슷한 일을 심심찮게 겪잖아요? 특히 고향을 찾아 오랜 시간 이동해야 하는 여행자에게는 단골 증상이기도 해요.

　약국 찾기도 쉽지 않은 이런 때, 전문가들은 요구르트를 추천합니다. 우유에 유산균을 넣어 발효시킨 요구르트가 스트레스를 받거나 환경이 바뀐 탓에 불편해진 장을 조금이나마 편하게 해주기 때문입니다. 유럽에는 여행자를 위해 아예 알약 형태로 만든 유산균도 나와 있어요.

　시중에 나와 있는 요구르트는 말 그대로 셀 수 없이 많지요. 과학적으로 요구르트의 종류를 구분하는 기준은 크게 두 가지입니다. 바로 유산균이 얼마나 들어 있느냐와 영양 성분들이 어떤 비율로 들어 있느냐지요. 이들 기준에 따라 요구르트 겉면에 식품 유형이 다르게 표시됩니다.

　예를 들어 농후발효유라고 겉면에 쓰여 있는 요구르트는 유산균이 1밀리리터당 1억 마리 이상 들어 있고, 지방을 뺀 단백질과 탄수화물이 전체 용량의 8퍼센트 이상이에요. 내용물을 보면 약간 걸쭉한 젤 같은 형태가 많지요. 식품 유형을 구별하는 유산균 수는 통상 제조하고 난 다음 12일 정도 지나 포장을 뜯었을 때 남아 있는 평균치로 계산합니다.

　식품 유형이 그냥 발효유인 요구르트는 1밀리리터당 유산균이 1000만 마리 미만이고, 단백질과 탄수화물 비율이 3~8퍼센트 정도예요. 또 유산균 음료라고 되어 있는 제품은 유산균이 100만 마리 정도, 단백질과 탄수화물은 약 3퍼센트라고 보면 되고요. 이런 음료는 대부분 끈적끈적한 느낌이 없는 맑은 액체 상태에요. 마시는 요구르트건 떠먹는 요구르트건 이 기준은

같지요.

　단순히 목을 축이기 위해 마시려면 유산균음료만으로도 괜찮지만, 실제 장 활동에 도움을 주기 위해서는 발효유나 농후발효유를 선택하는 게 좋다고 전문가들은 권합니다. 대체로 유산균은 강한 산성인 위액을 만나면 맥을 못 추지요. 산에 약하기 때문이에요. 위산에 얼마나 잘 견디는지는 유산균의 종류마다 조금씩 다르고요.

　비교적 산에 강한 유산균은 대체로 스스로 증식하는 능력이 좀 떨어진다는 게 업계의 설명입니다. 최근 잘 알려진 비피더스균이 바로 이런 예라고 해요. 유산균이 스스로 잘 증식하지 못하면 발효유를 만들 때 유산균 수 기준을 맞추기 위해 처음부터 유산균을 많이 넣어야 해요. 유산균이 시간이 지날수록 죽기 때문이에요. 하지만 많이 넣을수록 당연히 가격은 비싸지겠지요. 그래서 장에 도움이 되는 특정 유산균과 다른 보통 유산균을 섞는 방법 등으로 가격을 맞춰놓은 제품이 많다고 합니다.

　위산에 잘 견디라고 유산균을 아예 캡슐로 씌운 채 요구르트에 넣기도 해요. 이런 캡슐 유산균은 위를 통과해 장까지는 많이 들어갈 수 있어요. 유산균이 장에서 기능을 돕는 등 제구실을 하려면 장 내부 벽에 달라붙어 있어야 해요. 그런데 캡슐로 씌워 놓으면 캡슐 표면이 미끄럽기 때문에 장에 쉽게 정착하지 못하고 배설됩니다.

　이것저것 따지고 아이 입맛까지 맞추다보면 요구르트 하나 고르기도 참 번거롭네요. 시장에서 이 요구르트 저 요구르트 손에 들고 이 생각 저 생각 하며 고르다보면 너무 극성이다 싶기도 합니다. 결국은 에라 모르겠다 하고 아이더러 "먹고 싶은 거 골라볼래?" 하는 경우가 대부분이지요. 그래도 때로는 '정성 들여' 골라 먹이고 싶은 날이 있기도 해요. 명절 치르고 좀 여유가 생기는 주말이 바로 그럴 때 같습니다.

우리 아이 장은 어떤 유형?

2011년 유럽 과학자들은 영국의 과학 학술지 《네이처》에 흥미로운 연구 결과를 발표했다. 실제 사람의 대변을 분석해본 결과 미생물의 종류와 분포에 따라 사람의 장(腸)도 혈액형처럼 유형이 있다는 것이다. 연구팀은 장 유형을 크게 세 가지로 분류했다.

제1형은 박테로이데스Bacteroides라는 미생물이 가장 많은 유형이다. 이 유형에서는 탄수화물이 비교적 잘 분해된다. 제2형은 효소 생산을 돕는 프레보텔라Prevotella가, 제3형은 세포가 당을 흡수하도록 돕는 루미노코쿠스Ruminococcus라는 미생물이 많았다. 미생물 분포만 보면 같은 양을 먹더라도 장 유형이 제3형인 사람이 제1형인 사람보다 살이 찔 가능성이 크다고 추측할 수 있다. 그러나 제1형 장에는 유산균으로 잘 알려진 락토바실러스Lactobacillus가 다른 장 유형에 비해 상대적으로 적었다.

과학자들은 태어난 뒤 계속 이어온 오랜 식습관이 이 같은 장 유형을 결정한다고 설명한다. 어떤 영양소를 언제 얼마나 섭취했느냐에 따라 장속 미생물의 종류와 분포가 달라진다는 뜻이다. 달리 말해 식습관을 바꾸면 장속 미생물의 분포도, 장 유형도, 건강 상태도 바꿀 수 있다는 이야기가 된다. 과학자들은 미래에는 음식은 물론 약까지도 개인의 장 유형에 맞춰 먹는 시대가 올 수 있을 것으로 내다보고 있다.

우리 몸속 미생물은 '제2의 게놈genome' 또는 '마이크로바이옴microbiome'으로 불리며 최근 그 중요성을 주목받고 있다. 게놈이 우리 몸을 이루는 유전정보 전체를 말한다면, 마이크로바이옴은 우리 몸에 존재하는 미생물 전체를 의미한다. 마이크로바이옴을 분석하면 개인의 체질이나 건강 상태는 물론, 나라나 인종별로 어떤 병에 잘 걸리게 되는지, 그 이유는 뭔지도 알아낼 수 있을 거라는 전망이다.
결국 어려서 뭘 먹느냐가 우리 아이들의 인생 전체를 결정한다고 해도 과언이 아니다. 세끼 밥은 물론 간식까지 엄마가 꼼꼼히 살펴주어야 하는 이유다.

억울한 조미료

아이에겐 거짓말 못 한다고들 하지요. 밥을 먹일 때마다 이 말을 실감하곤 합니다. 피곤이 덜하거나 시간 여유가 있는 날엔 멸치와 새우, 버섯, 다시마 같은 재료를 가루로 갈아둔 걸 조금씩 넣어가며 정성스레 요리합니다. 솜씨는 그다지 없어도 여러 가지 천연재료를 섞다보면 어느새 꽤 괜찮은 맛이 나지요. 차려 놓으면 아이도 맛있다며 넙죽넙죽 잘도 받아먹어요.

하지만 급한 마음으로 대충 만들면 아무래도 맛이 덜합니다. 그래도 밥은 먹여야 하니 "이거 진짜 맛있어" 하며 입에 넣어주면 아이는 몇 숟갈 받아먹다 도리질을 해요. 맛없다는 얘기지요. 거짓말이 들통 나는 순간입니다. 그러니 별수 없어요. 시간이 없거나 재료가 부족할 땐 어쩔 수 없이 조미료에 손이 갑니다. 일단 아이가 먹도록 맛을 내야 하니까요. 하지만 한

편으론 이렇게 먹여도 되나 싶어요.

엄마들, 조미료에 참 민감해요. 조미료에 들어 있는 식품첨가물 때문이겠지요. 식품첨가물 하면 대부분 몸에 해로울 거라고 여깁니다. 하지만 무조건 피해야 하는 건 아니에요. 그렇게 생각하면 사실 식품첨가물 처지에 선 억울한 면이 있으니까요.

대표적인 사례로 과학자들은 L-글루타민산나트륨을 꼽습니다. 엠에스지MSG란 영문 약자로 더 잘 알려져 있는 L-글루타민산나트륨은 우리나라 사람들이 공장에서 처음으로 대량생산 해 만들어 먹기 시작한 화학 첨가물이죠. 화학적으로 보면 글루타민산에 소금(나트륨)이 붙어 있는 형태입니다.

글루타민산은 단백질을 구성하는 스무 가지 아미노산 가운데 사람 몸에 가장 많은 아미노산이에요. 세포들 사이의 복잡하고 다양한 신호 전달에 없어서는 안 되는 물질이지요. 글루타민산은 인체뿐 아니라 김치와 된장을 비롯한 발효 식품에도 들어 있어요. 유제품과 육류, 어류, 채소류처럼 동·식물성 단백질이 들어 있는 식품에도 대부분 글루타민산이 MSG 형태로 함유돼 있습니다. 조미료로 만들어지기 훨씬 전부터 이미 사람들은 음식을 통해 MSG를 섭취하고 있었던 거예요.

MSG가 조미료로서 본격적으로 주목받기 시작한 건 1960년대 일본 식품 회사의 한 과학자가 다시마에서 이를 추출한 뒤부터였어요. 적은 양으로도 음식 본래의 자연스러운 맛과 향을 살려주는 특성이 있지요. 특히 단맛

을 높여주고 짠맛과 신맛, 쓴맛은 완화해주는 효과가 알려지면서 우리나라를 비롯한 세계 각국에서 식품첨가물로 사용되기 시작했습니다.

다시마 같은 천연 재료에서 MSG를 추출하려면 과정에 손도 많이 갈 뿐 아니라 워낙 양이 적기 때문에 값도 비싸져요. 그래서 한동안은 MSG를 공장에서 화학적으로 합성해 대량으로 생산하기도 했지요. 하지만 지금은 국내뿐 아니라 외국에서도 대부분 해조류나 사탕수수 등을 미생물로 발효시킨 다음 정제해서 MSG를 얻는다고 합니다.

유엔식량농업기구FAO와 세계보건기구가 함께 설립한 식품첨가물 전문가위원회JECFA는 각종 식품첨가물에 대해 1일 섭취 허용량ADI을 정해놓았어요. 그러니까 ADI는 한 사람이 하루에 최대 이 정도를 먹어도 평생 유해한 영향이 관찰되지 않는다는 섭취량이에요. MSG는 현재 정해진 ADI가 없습니다. 최대 허용 섭취량을 굳이 정해놓지 않고 먹어도 된다는 뜻이지요. 그렇다고 MSG를 무한정 먹어도 된다는 건 아니에요. 아무리 좋은 음식이라도 지나치게 먹으면 몸에 해로울 수 있는 것과 마찬가지지요. 효과 뛰어난 약도 과량 복용하면 독이 될 수 있으니까요.

MSG를 추가로 넣은 음식이나 원래 자연적으로 MSG가 들어 있는 식품을 먹고 메스껍거나 머리가 아프거나 가슴이 답답해지거나 목에서 타는 듯한 증상을 느끼는 사람들이 일부 있습니다. 일종의 과민 반응이라고 해요. WHO는 이 같은 과민 반응은 대부분 섭취 후 2시간 안에 사라지는 일시적인 현상이라고 설명하고 있어요.

이보다 우려할 수 있는 건 MSG의 장점을 악용하는 경우가 생길지도 모른다는 점이 아닐까요? 보통 사람들이 맛을 느끼는 최저 농도가 MSG는 특히 낮습니다. 예를 들어 소금은 음식에 0.2퍼센트, 설탕은 0.5퍼센트가 최소한 들어 있어야 짠맛과 단맛을 각각 느낄 수 있어요. 이에 비해 MSG는 0.03퍼센트만 돼도 감칠맛을 내지요. 소량만 첨가해도 신맛이나 쓴맛을 가릴 수 있다는 이야기예요. 소비자단체나 시민단체들의 가장 큰 우려도 바로 여기에 있습니다. 오래되거나 상한 재료의 맛과 냄새를 숨기는 데 MSG가 악용될 가능성을 배제할 수 없다는 거지요.

먹거리에 관한 안전성을 꼼꼼히 따지는 건 아이를 키우는 엄마로서 당연한 의무이자 권리겠지요. 하지만 식품첨가물이라고 해서 무조건 기피해야 하는 시대는 이제 지났다고 생각합니다. 흔히 그럴 거라고 상식처럼 알고 있던 내용이 과학적으로는 근거가 분명치 않은 경우가 꽤 있으니까요. 어떤 먹거리건 정확히 알고 선택해 먹으면 될 일입니다.

단 먹는 음식 갖고 나쁜 마음 먹는 사람들이 없다는 전제에서 말이에요. 이런 사람들 때문에 옛날처럼 모든 음식을 처음부터 부엌에서 엄마가 해야 하는 세상으로 되돌아간다면 어떨까요? 직장맘도 다시 가정으로 돌아갈 수밖에 없지 않을까요? 우리 아이들에게 뭐든 안심하고 간편하게 먹일 수 있는 사회가 돼야 저출산 문제를 해결하는 데도 도움이 될 수 있을 겁니다.

식품첨가물 뜯어보기

식품의 신선도를 유지하거나 영양을 보충하거나 맛을 살리기 위해 넣는 식품첨가물은 국내에 총 598종이 허용되어 있다. 사용 목적에 따라 보존료와 산화방지제, 감미료, 발색제 등으로 분류된다.

소르빈산, 프로피온산 같은 보존료는 식품에 미생물이 증식하는 걸 막아주고, 부틸히드록시아니솔BHA, 아황산염류 같은 산화방지제는 식품 속 지방의 산패와 산화를 지연한다. 아스파탐, 사카린나트륨 같은 감미료는 단맛을 내기 위해 쓰이며, 아질산나트륨, 질산칼륨 같은 발색제는 육류의 고유한 색을 유지하는 데 좋다.

식품첨가물에서 중요한 건 '무엇을 먹느냐' 보다 '얼마나 먹느냐' 다. 식품의약품안전청 등이 정한 기준에 따라 섭취하면 큰 걱정은 하지 않아도 된다. 많이 쓰이는 식품첨가물 여섯 가지에 대해 각각이 들어 있는 식품들을 하루에 얼마나 먹으면 1일 섭취허용량에 도달하는지 정리했다. 보통 식생활에서 이 허용량을 넘을 경우는 드물어 보인다.

식품첨가물	주요 식품	허용량 도달 섭취량(g)	사례
아질산나트륨	소시지	370	비엔나소시지(8그램) 40알
소르빈산과 그 염류	어묵	1,702	꼬치어묵(42.4그램) 40개
	치즈	1,275	슬라이스 치즈(20그램) 60매

사카린나트륨	절임류	818	김밥용 단무지(16.5그램) 37개
	과일·채소 음료	2,250	캔 음료(290밀리리터) 9개
아스파탐	탄산음료	14,040	탄산음료 캔(250밀리리터) 56개
수크랄로스	과자	1,240	과자(100그램) 12개
식용색소 적색3호	캔디	1,300	캔디(5그램) 260개

자료: 식품의약품안전청

채소가 진짜 보약

오랜만에 하루 휴가를 낸 날 마침 집 앞에 장이 섰네요. 이것저것 고르고 있는데 아이가 시장 끄트머리를 가리키며 손을 잡아끌었어요. 녀석, 참 용케도 보았지요. 국수 가게였어요. 우리 아이는 유난히 국수를 잘 먹습니다. "엄마, 엄마, 국쭈 먹구 가쟈" 하길래 장보다 말고 국수 가게로 들어가 잔치국수를 한 그릇 시켰어요.

면을 후후 불어가며 아이 숟가락에 올려주었어요. 길쭉하게 썬 당근이랑 호박도 같이요. 그런데 요 녀석이 고개를 팽 돌리며 "당근 시여" 하네요. 사실 네 돌 지나기 전까지는 집에서도 종종 당근이나 호박 같은 채소를 먹기 싫다 했거든요. 콩이나 파는 네 돌이 한참 지난 지금까지도 여전히 골라내기 선수니까요. 채소를 골고루 먹여야 하는데, 이럴 때마다 엄마는 참 난감합니다.

채소나 과일 같은 식물에는 건강에 좋은 생리 활성 물질이 유독 많아요. 몸을 움직여 위험에서 자신을 지켜낼 수 있는 동물과 달리 식물은 스스로 이동할 수 없기 때문에 대신 생리 활성 물질을 많이 만들어내도록 진화해왔으니까요. 이들 물질이 강한 자외선이나 독성 물질, 물리적인 스트레스 등 외부 환경의 위험에서 식물을 보호하는 역할을 하는 겁니다. 식물 몸속의 이 같은 생리 활성 물질은 사람 몸에 들어와서도 비슷한 역할을 하는 경우가 많지요.

식물의 생리 활성 물질은 특별히 "파이토뉴트리언트phytonutrient"라고 불립니다. 2,500여 가지나 되는 파이토뉴트리언트는 흥미롭게도 채소나 과일의 고유한 색깔에 따라 크게 다섯 가지 그룹으로 분류되지요. 양파나 버섯, 마늘 같은 흰 채소에 들어 있는 파이토뉴트리언트는 뼈와 혈관을 튼튼히 해요. 호박과 옥수수, 레몬 같은 노란 식물에는 성장기 건강에 좋은 파이토뉴트리언트가 들어 있어요. 토마토와 사과, 고추 같은 빨간 식물에는 면역력을 길러주는 파이토뉴트리언트가, 양배추와 고구마, 포도 같은 보라색 식물에는 심장과 뇌를 튼튼하게 하는 파이토뉴트리언트가 함유되어 있고요. 또 시금치와 완두콩, 피망 같은 초록색 채소는 눈과 뼈에 좋은 파이토뉴트리언트를 많이 담고 있지요. 이들 5색 채소와 과일을 골고루 먹어야 파이토뉴트리언트를 영양학적으로 균형 있게 섭취할 수 있습니다. 보약이 따로 없다는 이야기죠.

채소가 특히 약이 되는 계절이 바로 봄이에요. 겨우내 움츠렸던 몸은 점점 날이 따뜻해지면서 더 많은 영양분을 찾게 됩니다. 그래서인지 봄나물에는 유난히 비타민이 많아요. 근육이 이완되고 신진대사가 활발해지면 몸에서 소모량이 크게 느는 영양분이 바로 비타민이거든요. 옛 어른들이 봄에 나물을 많이 먹으라고 하신 이유가 바로 이 때문이기도 하지요.

신약을 개발하는 과학자들도 오래전부터 봄나물뿐 아니라 봄꽃과 새싹 등 봄철 식물에 관심이 많았어요. 인체의 신진대사를 돕고 병을 예방하거나 치료할 수 있는 물질들도 들어 있다는 생각에서입니다. 실제로 봄철 식물은 예로부터 민간요법으로도 많이 쓰였다고 해요.

2002년 국내 한 제약 회사는 봄나물로 만든 새로운 천연 신약을 내놓기도 했어요. 쑥에서 추출한 성분으로 개발한 위염 치료제지요. 이 성분은 위 내벽을 싸고 있는 점막이 재생되도록 촉진해 위를 보호하는 역할을 해요. 먼저 시장에 나와 있던 다른 위염 치료제들은 대부분 위산 분비를 억제하거나 균을 죽이는 방식으로 작용했는데 말이에요. 봄나물에서 위염을 치료할 수 있는 새로운 메커니즘을 찾은 셈입니다. 또 다른 국내 과학자들은 말린 목련꽃봉오리(신이)에서 천식을 치료할 수 있는 물질을, 어린 방아잎(배초향)에서 동맥경화 치료 물질을 찾아내기도 했어요.

그런데 걱정스럽게도 우리나라 국민 대부분이 5색 채소와 과일을 골고루 챙겨 먹고 있지 않다는 조사 결과가 나왔네요. 최근에 한국식품과학회가 채소와 과일을 1일 권장량 이상 섭취하는 한국인 2,179명을 대상으로 조사한 결과 밥상에 가장 많이 오르는 채소나 과일은 흰색류였어요. 다음은 노란색, 보라색, 초록색, 빨간색 순이었고요. 빨간색과 초록색 채소, 과일을 기준 이상 섭취하는 사람은 조사 대상자의 각각 7.4퍼센트와 8.6퍼센트에 불과한 것으로 나타났습니다. 균형 있게 먹어야 채소나 과일 속 성분들이 우리 몸에 들어와 진짜 보약이 될 텐데 말이에요.

국수 가게에서 채소를 골고루 먹이려고 아이와 실랑이를 벌이다 꾀를 냈어요. 국수에서 당근과 호박, 파 한 조각씩을 건져 아이 몰래 숟가락에 먼저 얹고, 그 위에 면을 올렸지요. 채소 색깔들이 안 보이도록 잘 가려서 말이에요. 면발 속 채소를 눈치 못 챈 아이가 오물거리며 맛있게 받아먹더군요. 그리고는 국수 한 그릇을 거의 다 비우더니 스스로도 뿌듯한지 볼록해진 배를 만지며 "엄마, 사장님 배에요" 했답니다. 우리나라 사람들이 상대적으로 적게 섭취한다는 빨간색과 초록색 채소를 배불리 먹은 거죠. 흐뭇했습니다.

엄마표 봄나물 요리법

나물 반찬에 젓가락이 제일 많이 가는 계절, 봄. 사실 봄나물 요리는 손이 많이 가지 않고 오래 걸리지도 않아 쉬워 보인다. 그냥 끓는 물에 소금 넣고 살짝 데친 다음 찬물에 헹궈 물기 꼭 짜낸 나물을 미리 준비해둔 양념에 조물조물 무치면 그만이다.

하지만 막상 요리를 해놓고 나면 쉽다는 생각, 싹 달아난다. 초보 엄마와 베테랑 엄마의 손길은 이렇게 간단한 요리법에서도 미묘하게 차이가 난다. 과학 기자를 하면서 음식 기사도 함께 담당할 때, 서울프라자호텔 주방장에게 '전수' 받은 베테랑 봄나물 요리 비법을 소개한다.

양념 속 재료 고유한 맛 살리기

양념에 들어가는 각종 재료들의 역할을 세밀하게 알고 있어야 한다. 예를 들어 진간장과 소금은 구분해 쓴다. 진간장은 흐트러진 것을 뭉치게 할 때, 소금은 그 반대일 경우 사용하면 좋다. 또 간장을 넣었는데도 간이 조금 모자라다 싶을 때는 다시 간장을 넣기보다 고운 소금을 쓰는 것도 나물의 맛을 살리는 센스다.

나물의 참맛 그대로 살리기

봄나물은 다른 나물에 비해 고유한 맛과 향이 남다르다. 그걸 그대로 살려줘야 한다. 예를 들어 쓴 씀바귀를 입맛에 맞추자고 설탕 듬뿍 넣는 것보다 간을 약간 덜

하는 편이 오히려 더 맛이 난다. 설탕 맛보다 봄나물의 독특한 맛에 입맛이 익숙해지도록 해주는 게 아이 건강에도 좋다.

우리 집 식탁용 소스 만들기
봄나물은 아무 양념도 하지 않은 채 씻기만 해서 상에 올리기도 한다. 통째로 소스에 찍어먹을 수 있게 말이다. 소스로 샐러드용 드레싱이나 초고추장을 내놓는 것보다 밖에서 살 수 없는 엄마표 소스를 만들어보는 건 어떨까? 예를 들어 상큼한 유자드레싱은 자칫 밋밋할 수 있는 봄나물의 맛을 살짝 보완해주며 제법 잘 어울린다. 가을에 난 유자를 얼려두었다가 봄에 해동해 양파와 함께 강판에 간다. 여기에 간장과 올리브오일을 섞으면 완성. 봄철 감기에도 안성맞춤이다. 유자에는 비타민C가 바나나의 약 열 배, 레몬의 세 배 이상 들어 있으니 말이다.

우리 아이
등이 언제부터

세 돌 하고도 반년쯤 지나니 아이가 부쩍 그림 그리자, 글씨 써달라 하기 시작했어요. 그 전엔 보통 장난감 총을 쏘아대면서 소파를 오르내리거나 온 마루를 뛰어다니는 게 일이었는데 말이죠. 어린이집에서도 전에는 다른 아이들보다 그림 그리기 활동을 좋아하지 않는 것 같다고 교사가 조금 걱정했죠.

그랬던 아이가 어느새 스케치북과 크레파스를 들고 엄마를 졸졸 쫓아다니는 거예요. 오늘은 뭘 그리고 싶다는 둥, 무슨 글자 쓸 줄 아는데 엄마 한 번 볼래라는 둥 종알종알하면서 손을 잡아끌지요. 미술을 싫어하는 건 아닌지 살짝 걱정했는데 "애들, 부러 시키지 않아도 다 때 되면 한다"는 옛 어른들 말씀이 틀리지 않다는 생각이 드네요.

아이 손에 이끌려 따라 앉으면 아이는 신 나서 스케치북을 펴고 마룻바

닥에 엎드립니다. 여러 가지 색깔을 번갈아 칠하곤 아주 진지한 눈빛으로 "엄마, 이거 알아? 무지개야" 그러지요. 아이가 이야기해주지 않았으면 아마 뭘 그린 건지 몰랐을 테지만, "우와, 진짜 무지개 같은데! 어떻게 이렇게 잘 그렸을까?" 하고 감탄해주면 아이 표정에 으쓱함이 스칩니다.

그러다 엎드려 있는 아이 자세에 아차 싶어 작은 상을 내오지요. 허리가 아플 것 같아서 말이에요. 그런데 척추 전문가들은 엎드리는 건 물론이고 바닥에 상을 펴고 앉는 것도 사실 척추 발달에는 그리 좋지 않다고 해요. 특히 아이 전용 책상이 아니라 어른 키에 맞게 만든 상이나 등받이가 없는 바닥에선 아이 팔이 너무 많이 올라가거나 허리가 구부정한 자세가 될 수밖에 없기 때문이에요.

그래서 전문가들은 척추 발달에 좋은 바른 자세를 유지하려면 책상을 쓰라고 권합니다. 의자는 키에 따라 높이가 조절되며, 등받이가 굽지 않고 편평한 게 좋다고 해요. 그렇게 앉아야 허리를 세우고 등을 편 자세를 똑바로 취할 수 있으니까요.

사람 몸은 원래 허리를 꼿꼿이 세우고 등을 쭉 편 자세로 앉도록 진화해왔습니다. 태어난 지 얼마 안 되는 아기들이 앉는 자세가 좋은 증거지요. 갓 일어나 앉기 시작한 아기들은 걸음마는 서툴러도 앉는 자세 하나는 아주 정확해요. 굳이 어디 기대어 앉지 않아도 허리가 꼿꼿하고 등이 곧지요. 생각해보면 영아 시절 우리 아이도 앉혀놓으면 딱 그 자세였어요. 아기에게는 그 자세가 편하다는 의미일 테지요.

척추가 원래 에스s 자 모양이라는 사실은 잘 알려져 있어요. 이렇게 척추에 굴곡이 있어야 외부에서 충격을 받았을 때 충격 에너지를 효과적으로 흡수해 크게 다치지 않습니다. 또 척추가 움직일 때 척추 주변에 분포한 근육이 효율적으로 힘을 발휘할 수 있는 것도 척추의 굴곡 덕분이죠. 척추가 곧게 돼 있는 것보다 굴곡이 있어야 가슴통이나 배, 골반 내부 공간이 충분히 넓어져서 내장 기관이 다 들어갈 수 있지요. 아기에게 척추 굴곡이 본격적으로 생기기 시작하는 건 생후 6~8주 무렵부터예요.

앉아 있을 때 우리 몸을 지탱해주는 건 비단 척추만이 아니에요. 척추 주변 근육도 척추 못지않게 중요한 몫을 하지요. 등을 세우고 앉으면 척추 주변 근육이 수축하면서 척추 자체에 가해지는 힘이 줄어들어 편안해집니다. 척추에 힘이 덜 갈수록 좋은 자세가 나올 수 있기도 하고요. 아기들은 본능적으로 편하고 좋은 자세를 알고 있는 것 같습니다.

그런데 우리 아이가 언젠가부터 달라졌어요. 소파에 앉아 텔레비전을 볼 때는 엉덩이를 앞으로 쭉 빼고 구부정하게 앉는가 하면, 휴대전화를 갖고 놀 땐 고개를 푹 숙인 채 등을 구부려 앉아요. 상을 펴고 바닥에 앉을 때도 마찬가지지요. 아이가 구부정한 자세를 편하게 느끼게 된 거죠.

바른 자세를 타고난 아이가 왜 점점 이렇게 구부정한 자세를 취하게 되는 걸까요? 척추 전문가들은 아이들이 자라면서 주변 어른들의 자세를 보

고 배우기 때문이라고 설명합니다. 똑바로 앉다가도 엄마, 아빠의 자세를 보면서 아이 자신도 모르는 사이에 무의식적으로 따라 하게 된다는 거예요. 속으로 뜨끔한 엄마, 아빠들 아마 많을 거예요.

사실 웬만한 어른들은 등을 곧게 펴고 가슴을 내민 바른 자세로 오래 앉아 있지 못하지요. 시간이 갈수록 불편해지니까요. 등은 점점 구부러지고 양쪽 어깨는 점점 휘어집니다. 그렇게 자세가 바뀌면 일시적으로는 더 편해지는 것 같지만, 결국은 굽은 자세 때문에 목이 앞으로 구부러지는 거북목이나 근육통 같은 증상이 생기지요.

영·유아 때는 척추가 한창 발달하는 시기입니다. 어른과 달리 척추가 단단하지 않고 유연하다는 이야기지요. 만약 어릴 때 척추가 휘어 자세가 좋지 않으면 발견한 즉시 치료를 받거나 자세 교정을 시작해야 합니다. 성인이 되기 전인 고등학생 때까지는 스스로 자세를 교정하거나 가정에서 환경만 바꿔도 바로잡을 수 있다는 게 전문가들의 조언입니다.

엄마, 아빠가 되면 으레 말부터 조심하게 합니다. 좋지 않은 표현이나 비속어 등을 아이가 혹시 배우지는 않을까 우려해서지요. 상대적으로 행동에는 신경을 덜 쓰는 경우가 많아요. 하지만 부모가 평소 무심코 취하는 자세 하나하나도 우리 아이들은 배우고 있습니다. 그렇게 사소한 일상까지 자신도 모르게 아이와 공유하게 되는 것, 그게 바로 부모의 삶인가 봅니다.

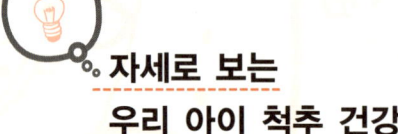

자세로 보는 우리 아이 척추 건강

**걸을 때 머리가 앞으로 쏠리거나 배나 가슴을
과하게 내밀거나 몸을 많이 흔든다면**
몸의 중심이 흔들리는 등 걸음걸이가 자연스럽지 못하다는 뜻이다. 발을 11자 모양으로 딛고 무게중심을 발에서 무릎, 골반까지 최대한 부드럽고 자연스럽게 옮길 수 있도록 걷는 연습을 충분히 해야 한다.

신발 밑창이 어느 한쪽만 집중적으로 닳는다면
바깥쪽이 닳았다면 무게중심이 바깥쪽으로 쏠려 있는 상태이며, 팔자걸음일 확률이 높다. 오른쪽 신발만 유난히 많이 닳았다면 척추는 왼쪽으로 휘었을 가능성이 크다. 이런 상황이 계속되면 골반이나 발목까지 통증이 번질 수 있다.

옆모습이나 앞모습으로 바른 자세를 확인하려면
옆에서 봤을 때 귀와 어깨 중앙, 허리 안쪽 선, 무릎 중간, 발목, 복숭아뼈가 일직선으로 연결되는 게 바른 자세다. 머리는 똑바로 들고 턱은 가슴 쪽으로 살짝 당겨야 한다. 어깨와 가슴을 쫙 폈을 때 양 어깨의 높이는 같아야 한다.

가방을 엉덩이 밑까지 축 늘어지게 메거나 한쪽 어깨에만 멘다면
무게중심이 한쪽으로 쏠려 몸을 자연스레 구부리게 되거나 척추가 휘는 원인이 된다. 가방은 기본적으로 양쪽 어깨로 메고, 등에 잘 밀착되어야 한다. 너무 무거운 가방은 척추뿐 아니라 다리까지 변형시킬 우려도 있다.

무거운 액세서리나 모자 달린 티셔츠를 자주 착용한다면
무거운 액세서리는 몸 앞뒤, 좌우의 무게 균형을 무너뜨리고, 모자 달린 티셔츠는 무게중심을 뒤로 쏠리게 하기 때문에 척추 건강에 좋지 않다. 아이들 옷은 꽉 끼지 않고 행동이 불편하지 않을 정도로 적당히 헐렁하며, 무게 균형이 잘 맞는 걸 골라야 한다.

자료 : 세연통증클리닉

치카치카 전쟁

한동안은 아이와 밤마다 작은 실랑이를 벌였지요. 이 닦기 싫다고 생글생글거리며 요리조리 도망 다니는 아이 뒤를 칫솔 들고 졸졸 쫓아다니다보면 번번이 엄마가 먼저 약이 오르곤 했어요. 그러면 어느새 목소리가 높아지기 시작하지요. 엄마가 화가 났다는 사실을 알아챈 아이는 이번에는 웃음기를 거두고 "시여! 치카치카 안 해!" 하며 칭얼대기 모드로 태도를 바꿉니다.

더는 안 되겠다 싶어 아이를 번쩍 안아 올려 세면대로 데리고 가면 아이는 아예 울음을 터뜨리지요. 그러다 칫솔을 입에 댈라 치면 눈물이 그렁그렁한 눈으로 엄마를 원망스레 쳐다보며 날쌔게 채가곤 했어요. 자기가 스스로 닦을 수 있다고 고집을 부리는 거예요. 그러고는 양치질은커녕 과일 맛 나는 아이용 치약을 쪽쪽 빨아 먹거나 칫솔을 잘근잘근 씹고 있지요. 어느새 다시 생글생글 웃으면서요.

그 모습을 보면 속은 터지는데 그래도 예쁘긴 하니까 헛웃음만 나왔지요. 밥을 먹을 때 오랫동안 입에서 오물거리는 버릇이 있는 데다 사탕도 좋아해서 양치질을 제대로 시켜야 하는데 말이에요. 그런데 이런 실랑이가 우리 집에서만 벌어진 건 아닌가 봅니다. 서점에서 유아 도서 코너를 둘러보면 양치질 습관 들이기 책이 많더군요. 아이들을 직접 찾아다니며 이 닦기 요령을 가르치는 유아 교육 관련 기업도 있고요. 그만큼 엄마들의 수요가 많다는 증거겠지요.

친정아버지는 "나 어렸을 적엔 치과 한 번 안 가고 컸다"라는 말씀을 입버릇처럼 하십니다. 아마 그 시절에는 지금처럼 충치 생길 일이 많지 않았을 것 같아요. 과학자들은 충치를 '문명의 질환'이라고들 말합니다. 문명이 발달하면서 새롭게 생겨난 병이라는 뜻이에요. 과거에는 귀했던 설탕이 이젠 흔해진 데다 먹거리가 다양하고 풍부해지면서 충치도 빠르게 늘었다는 설명이지요. 아프리카 원주민에게는 원래 충치가 없었는데 외국에서 설탕이 유입되면서 앓기 시작했다는 설도 있답니다.

충치가 생기는 위치나 경과는 아이와 어른이 다르다고 해요. 예를 들어 아이는 상대적으로 안쪽 치아보다 앞니가 더 잘 썩어요. 어른이 앞니에 충치가 생기는 경우는 많지 않습니다. 또 아이의 충치는 진행 속도가 어른보다 더 빨라요. 유치(젖니)는 치아의 가장 바깥층인 법랑질의 두께가 얇기

때문에 한 번 충치가 생기면 중간층인 상아질이나 신경과 혈관이 있는 더 안쪽까지 염증이 빠르게 번질 수 있어요. 반세기 전쯤 치과학 분야에서 아예 소아치과학이 갈라져 나온 것도 바로 이런 이유 때문입니다.

아기의 유치는 스무 개예요. 사랑니를 빼면 스물여덟 개인 어른의 영구치보다 적지요. 아이 이가 많이 벌어져 있다고 걱정하는 엄마들도 간혹 있는데, 유치는 원래 치아 사이에 공간이 있는 게 정상입니다. 유치가 나기 시작하는 시기는 생후 6개월쯤부터고, 두 돌쯤 되면 맨 뒤쪽 어금니가 마지막으로 나오지요.

유치에서 영구치로 바뀌는 시기는 여섯 살에서 열두 살 사이예요. 이때가 치아 관리에 특히 중요합니다. 예를 들어 처음엔 유치 중 앞니가 빠지면서 제일 안쪽에서 어금니 영구치가 조금씩 올라오기 시작해요. 이 어금니는 가장 먼저 나는 영구치인 데다 잘 보이지 않아서 충치가 생기기 쉬워요.

손으로 아직 세밀한 동작을 하지 못하는 어린아이에게 처음부터 제대로 된 칫솔질 방법을 가르치기란 사실 무리예요. 유치만 있는 아이에게는 칫솔을 좌우로 왔다 갔다 하는 쉬운 방법부터 알려주고, 씹는 부분을 중심으로 닦게 하는 게 좋습니다. 먼저 아이가 스스로 닦게 한 뒤 어른이 한 번 더 닦아주어야 하고요. 어른이 닦아줄 땐 너무 세게는 말고, 칫솔모 끝이 살짝 꺾일 정도면 됩니다.

세세한 칫솔질 방법보다는 밥을 먹고 나서 항상 이를 닦는 습관을 들이는 데 중점을 두라고 전문가들은 권합니다. 또 대충대충 형식적으로 하루 세 번 닦게 하는 것보다는 차라리 자기 전에 한 번 제대로 양치질하는 게 더 낫다고 해요. 칫솔질 방향이나 칫솔 각도 같은 세밀한 동작은 아이가 초등학교 고학년쯤 되고 나서 가르쳐도 늦지 않습니다.

요즘은 아이용 칫솔도 하도 많아 고르기 쉽지 않아요. 전문가들이 말하는 기준은 의외로 간단합니다. 칫솔모는 너무 빳빳하지도, 부드럽지도 않은 중간 정도로 선택하고, 크기는 약간 작은 게 좋아요. 그래야 맨 안쪽 이까지 잘 닦이니까요. 정확한 칫솔질이 익숙해질 때까지는 전동 칫솔은 가능한 한 쓰지 않는 게 좋다고 해요.

양치질하기 싫어하더니, 아니나 다를까 어린이집에서 건강검진 결과를 집으로 알려왔는데, 치과 부분에 실란트가 필요하다는 소견이 적혀 있었어요. 음식물이나 세균이 달라붙지 못하도록 아예 이를 코팅하라는 거죠. 프라이팬을 코팅해놓으면 음식물이 눌어붙지 않는 것과 비슷한 이치예요. 유치 시기에 실란트가 필요한지에 대해서는 치과 의사마다 의견이 다를 수 있어요. 하지만 치아 상태가 아주 나빠졌거나 충치가 유독 잘 생기는 경우가 아니면 유치 단계에서는 잘 닦는 것만으로도 충분하다는 게 많은 의사들의 조언입니다.

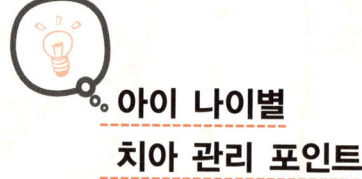

아이 나이별 치아 관리 포인트

생후 6개월
아래 앞니부터 유치가 올라오기 시작한다. 우유나 이유식을 먹인 뒤 입속을 물에 적신 부드러운 천이나 거즈로 세심하게 닦아준다.

생후 6~12개월
위와 아래 앞니가 모두 나온다. 손가락에 끼워 쓸 수 있는 실리콘 칫솔에 아이가 삼켜도 괜찮은 치약을 묻혀 이를 고루 문질러준다. 혀도 함께 닦아주는 게 좋다.

생후 12개월 이상
아이를 눕힌 상태에서 유아용 칫솔로 치아 한 면에 스무 번 이상 칫솔질을 해준다. 생후 24개월쯤에는 어금니가 나기 시작하는데, 어금니는 음식물 찌꺼기가 끼기 더 쉬우므로 특히 꼼꼼하게 닦아줘야 한다.

만 3~4세 전후
유치 스무 개가 모두 나고 치아 간격이 점점 좁아진다. 이때부터는 치실을 사용해 치아 사이도 깨끗이 해주는 게 좋다. 어린이용 불소 치약을 사용해도 되는 시기다.

만 4~6세
가장 안쪽에서 영구치 어금니가 올라온다. 그러고 나서 앞니도 하나씩 새로 난다. 이때부터는 치과 의사와 상담해 필요하면 실란트를 해줄 수 있다.

만 7~12세
유치와 영구치가 모두 교체되면서 영구치가 자리 잡기 시작한다. 3~6개월 간격으로 이가 잘 나고 있는지, 교정 치료가 필요하지 않은지, 다른 구강 질환은 없는지 검사한다. 특히 얼굴 골격에도 많은 변화가 있는 시기이기 때문에 관리에 소홀하면 자칫 주걱턱이나 안면비대칭 같은 문제가 생길 수 있다.

자료: 베네세코리아 유아 교육 브랜드 아이챌린지

제발 안경만은

아이가 스마트폰에 관심을 보이기 시작하면서 퇴근 후 저녁 시간이나 주말이면 남편 째려보는 게 일이 됐어요. 한마디 덧붙이면서 말이죠. "저놈의 게임은 도대체 왜 받아가지고……." 스마트폰에 내려받은 자동차 게임 이야기예요. 한동안 아이가 아빠를 볼 때마다 그 게임이 하고 싶어서 스마트폰 달라고 졸졸 따라다녔으니까요.

남편이 아이 성화에 못 이겨 스마트폰을 내주면 40여 개월짜리 녀석이 아주 능숙한 손놀림으로 척척 터치하고 누르고 움직이면서 게임에 열중합니다. 가뜩이나 자동차 좋아하는 아이한테 자동차 게임까지 알려준 남편에게 원망스러운 눈길을 보내면 남편은 머쓱해하며 슬쩍 아이 옆에 다가가 앉지요. "엄마한테 딱 한 번만 하겠다고 해, 응?" 이러면서요.

게임에 빠질까봐 걱정되는 것도 있지만, 사실 제가 더 노심초사하는 건 아이 눈이에요. 중학생일 때부터 안경 쓰고 다닌 저야 이제 안경이 없으면 오히려 어색하지만, 아이만은 안경 신세 지지 않고 자라면 좋겠다 싶거든요. 손바닥보다도 작은 화면에 빠져 있는 아이를 볼 때마다 스마트폰 내다 버리고 싶은 마음이 그야말로 굴뚝같습니다.

이렇게 이야기하면 스마트폰 입장에서는 좀 억울할 것 같기도 하네요. 사실 사람 눈이 나빠지는 이유가 과학적으로 밝혀진 건 아니니까요. 눈이 나빠진다 하면 주로 멀리 있는 게 잘 안 보이는 근시를 말하지요. 전문가들은 근시가 생기는 이유를 절반 정도가 환경, 나머지 절반 정도가 유전 때문일 것으로 추정하고 있습니다. 스마트폰처럼 가까이 있는 작은 글씨를 보는 것도 여러 환경 요인 중 하나겠지요. 또 근시가 생기는 원인이 대부분 한 가지가 아니라는 거예요. 여러 요인이 합쳐져서 나타난다고 해요.

우리 눈 속에는 빛을 굴절시켜 망막에 물체의 상을 맺히게 해주는 수정체가 있습니다. 수정체는 모양체와 근육으로 연결돼 있어요. 모양체 근육은 수축했다 이완했다 하면서 보려고 하는 물체의 거리에 따라 수정체의 두께를 적절하게 조절해주는 기능을 해요. 멀리 있는 물체보다 가까이 있는 물체를 볼 때 모양체 근육은 더 많이 수축해야 합니다. 눈 입장에서 말하면 힘을 더 많이 줘서 물체를 봐야 한다는 소리예요. 예를 들어 30센티미터 떨어져 있는 물체를 볼 때보다 10센티미터 떨어져 있는 물체를 볼 때 눈은 약 세 배나 더 힘이 든다고 해요.

결국 가까운 걸 자주 또는 오랫동안 볼수록 눈은 더 많이 힘들겠지요. 그러다 보면 안구 모양이 조금씩 변하면서 물체의 상이 망막에 정확히 맺히지 못하게 됩니다. 선명하게 보이지 않는다는 이야기예요. 안구가 앞뒤로 길어지면 이게 바로 망막 앞쪽에 상이 맺히는 근시가 되죠.

그런데 눈이 아직 덜 발달한 어린아이가 근거리 작업을 너무 많이 하면 없던 근시가 생기거나 근시 진행이 빨라질 가능성이 있다고 전문가들은 우려합니다. 아이들 눈은 적어도 여덟 살 때까지는 발달한다고 해요. 신생아 때는 가까운 데 있는, 움직이면서 밝고 큰 물체에 주로 관심을 보입니다. 그러다 생후 3개월쯤 되면 엄마와 눈을 맞추고, 6개월이 되면 멀리 있는 것과 가까이 있는 것을 자유자재로 볼 수 있게 돼요. 생후 1년이면 눈의 기능이 본격적으로 발달하기 시작하고, 만 5~6세 정도면 시력 검사판으로 검사했을 때 어른과 비슷한 시력이 나올 수 있어요. 6~8세가 되면 모든 눈의 기능이 거의 갖춰지고요.

어른이 되기 전에 근시가 너무 심하면 진행을 늦추기 위해 가까운 거리를 볼 때 눈이 힘을 덜 주도록 조절해주는 특수 렌즈나 약물을 쓰기도 해요.

남편도 저도 안경을 씁니다. 유전 요인에 환경 요인까지 더해진 셈이니 아이 눈을 생각하면 걱정이지요. 스마트폰이 아이에게 근시를 생기게 할 수 있는 여러 환경 요인 중 하나일 뿐이라고 해도 미운 건 어쩔 수가 없네요.

어린이 눈 건강 수칙

★ 책을 볼 때는 바른 자세로 30~40센티미터 거리를 두고 본다.
★ 엎드리거나 누워서 책을 보지 않는다.
★ 실내 조명은 너무 어둡거나 너무 밝지 않은 정도로 유지한다.
★ 밤에는 일찍 자고 꼭 불을 끈다.
★ 텔레비전은 너무 가까이서 보지 않는다.
★ 독서나 컴퓨터는 오랫동안 계속하지 말고 50분마다 휴식을 취한다.
★ 생후 6개월, 1년에 정기검진을 받고 만 3세 이후에는 1년에 한 번씩 검진을 받는다.
★ 장난감 총, 화약류, 끝이 뾰족하거나 날카로운 장난감, 레이저 포인터는 가능한 한 갖고 놀지 못하게 한다.
★ 자외선 차단 효과가 없는 장난감용 선글라스는 쓰지 않는다.
★ 실내 생활만 하기보다는 야외 활동도 적절히 해야 한다.
★ 안약은 반드시 의사의 처방을 받아 사용한다.
★ 안경과 콘택트렌즈는 안과 의사의 정확한 검사 후 처방을 받는다.

자료: 대한안과학회

태양을 피하는 방법

아이가 30개월에 접어든 8월 초 여름휴가 때 남편과 저는 아이에게 처음으로 바다를 보여주자 마음먹었어요. 인적 드물고 고즈넉한 바닷가를 수소문하다 아는 분 소개로 충청남도 보령시 오천면 원산도를 찾았습니다. 원산도에 가려면 유명한 대천항에서 배를 타고 30~40분 정도 더 들어가야 해요. 태어난 뒤부터 줄곧 도시에서만 지내온 아이가 혹시 낯설어하진 않을까 좀 걱정했는데, 막상 도착해보니 걱정할 필요는 전혀 없었습니다. 편의 시설이 적어 좀 불편하다 느낀 엄마, 아빠보다 훨씬 더 신이 났으니까요.

섬에 도착한 이튿날 아이는 아침 일찍부터 어서어서 바닷가로 나가자며 보챘어요. 간단히 아침을 차려 먹은 다음 아이를 앉혀 놓고 자외선 차단제부터 얼굴과 온몸에 발라주었지요. 로션 바르는 걸 평소에도 유난히 좋아하는 아이에게는 자외선 차단제 역시 장난감이 됐어요. 튜브를 꾹 누를 때마다 새하얀 크림이 쭉 나오는 게 뭐가 그리 재미있는지 배꼽 잡고 웃으며 방바닥을 데굴데굴 굴러다녔답니다.

사실 휴가지에 오기 위해 여러 가지 준비하면서 자외선 차단제가 좀 신경이 쓰였어요. 엄마가 쓰는 걸로 아무거나 발라줘도 크게 문제될 것 같진 않았지만, 아이가 워낙 어리다보니 혹시나 하는 생각이 들었거든요. 우리 부모님은 입버릇처럼 "어릴 때는 햇볕 아래서 뛰어 놀며 피부를 새까맣게 태워야 건강해진다"라고들 하셨지요. 하지만 3세 이하 영·유아는 꼭 그렇지만은 않아요. 피부가 스스로 보호할 수 있을 만큼 충분히 성숙해지지 않은 상태니까요. 바깥에서 똑같은 만큼 자외선을 받아도 유아 피부는 어른보다 더 민감한 반응을 보일 수 있다는 이야기입니다.

아이에게 자외선 차단제를 바르면 비타민D가 줄어들지 않을까 걱정하는 엄마들도 간혹 있어요. 피부가 자외선을 받으면 비타민D를 만들어내니까요. 비타민D는 아이의 뼈 성장과 건강에 반드시 필요한 영양소지요. 하지만 현재 시중에 나와 있는 자외선 차단제 대부분은 발라도 비타민D가 생성되는 데 필요한 만큼 햇빛을 통과시킬 수 있다고 과학자들은 설명합니다. 또 심하게 다이어트를 하지만 않는다면 음식을 통해서도 비타민D는 충분히 만들어지고요. 그러니 한여름처럼 유난히 자외선이 강할 땐 특히 아이에게 자외선 차단제를 바르는 습관을 들이는 게 좋습니다.

그러면 우리 아이에겐 수많은 자외선 차단제 중에서 뭘 발라줘야 좋을까요? 자외선 차단제에 들어 있는 성분은 크게 물리적(무기), 화학적(유기) 성분으로 나뉩니다. 이산화티탄이나 산화아연 같은 무기 성분은 피부에 막을 씌워 자외선을 반사하지요. 보통 자외선 차단제를 발랐을 때 피부가 하얘지고 뭔가 덮여 있는 것처럼 답답한 느낌이 드는 게 이런 무기 성분 때문이에요. 시나메이트나 벤조페논 같은 유기 성분은 자외선을 붙잡아 흡수합니다. 무기 성분보다 피부에 좀 더 직접적인 자극을 줄 수 있겠지요.

일반적인 자외선 차단제에는 무기 성분과 유기 성분이 대략 반반씩 섞여 있다고 해요. 전문가들은 유아용 자외선 차단제를 만들 때는 유기 성분을 줄이는 게 좋다고 조언합니다. 자외선 차단 효과를 어느 정도 이상 내기 위해 두 가지 성분을 혼합할 수밖에 없다면 유기 성분 중에서도 상대적으로 피부 자극이 적거나 피부에 잘 스며들지 않는 걸 써야겠지요. 같은 유기 성분이라도 땀이나 물에 녹지 않게 특수 처리해 피부 자극을 줄이는 방법도 있어요. 아이에게 발라줄 자외선 차단제를 구입할 땐 평소에 눈여겨보지 않았던 성분 표시도 한 번쯤 확인해보는 신중함이 필요합니다.

흔히 "SPF"라고 불리는 자외선 차단지수도 확인해야 하지요. SPF는 자외선 차단제를 발랐을 때 자외선을 받은 피부에 자극이 나타나기까지 걸린 시간을 바르지 않았을 때 걸린 시간으로 나눈 값입니다. 요즘 시중에는 SPF가 60이 훌쩍 넘는 자외선 차단제도 많지요. 그런데 전문가들은 아이용 자외선 차단제는 SPF가 30 정도만 되도 충분하다고 해요.

　　SPF는 자외선B에 대한 수치입니다. 자외선에는 A, B, C 세 가지 종류가 있거든요. 보통 햇빛에 타서 피부가 벌겋게 되거나 검게 그을리는 건 자외선B의 영향이 많지요. 하지만 피부에 닿는 전체 자외선 양 가운데 자외선B는 약 5퍼센트밖에 안 됩니다.

　　나머지는 결국 자외선A지요. 자외선B보다 피부에 깊숙이 들어갈 수 있는 자외선A를 오랫동안 많이 받으면 피부의 면역기능이 약해져요. 자외선A를 얼마나 차단할 수 있는지는 SPF 말고 '+', '++', '+++' 같은 표시로 나타냅니다. 아이가 바를 자외선 차단제는 자외선A 차단지수가 높은 게 좋다고 과학자들은 조언합니다. '+'가 두 개 이상 붙어 있는 제품을 고르라는 거예요. 사실 자외선A를 차단하는 게 자외선B보다 기술적으로 어렵다고 해요. 자외선A 차단지수가 SPF처럼 수치화하지 못하고 아직 '+', '++', '+++' 정도로만 표시되고 있는 이유도 이와 관련이 있습니다. 나라마다, 제조 회사마다 자외선A 차단지수는 표시 방법이 조금씩 다를 수도 있고요.

　　자외선 차단제 하나 선택하는 데도 참 손이 적잖이 갔네요. 어쨌든 그렇게 신중하게 골라 여행 가방에 넣어 간 자외선 차단제 덕분에 아이는 온종일 바닷가에서 살았어도 다행히 햇빛에 그을러서 피부가 벗겨지며 따가워지는 고통을 겪지 않아도 되었지요. 그런데 휴가지에서 집에 돌아와보니, 세상에 남편 얼굴이 무슨 흑인처럼 새까맣게 그을려 있지 뭐예요? 아이와

함께 모래사장에서 놀 때 수영복 바지만 입고 있었던 탓에 목도 등도 온통 까매졌어요.

　아이에게 자외선 차단제 발라줄 때 남편도 같이 좀 챙겨줄걸 하고 미안한 마음이 들었어요. 원래 평소에도 로션 바르기 귀찮아하는 사람이라 스스로 챙겨 발랐을 리 만무한데 말이에요. 아이가 생기기 전보다 남편을 조금은 덜 챙기게 된 제 모습을 들킨 것 같아 살짝 민망했습니다.

자외선에 대한 엄마들의 오해

자외선 피하려면 몸에 꼭 붙는 옷을 입어야 한다?
옷이 몸에 딱 맞으면 옷감 사이로 자외선이 오히려 더 잘 들어간다. 헐렁한 옷일수록, 옷감이 촘촘할수록 자외선 차단 효과는 더 높다. 단 옷이 물에 젖으면 차단 효과는 떨어진다.

자외선 차단 효과와 옷 색깔은 관계없다?
진한 색 옷일수록 일반적으로 자외선을 잘 차단한다. 예를 들어 흰색 셔츠가 SPF 5~9 정도 효과가 있는데 비해 빨지 않은 새 푸른색 청바지는 SPF 1000 정도 효과가 있다.

실내에선 자외선 걱정 없다?
자외선A는 커튼이나 유리 같은 장애물도 쉽게 뚫는다. 실내에 있으면 자외선B는 피할 수 있어도 자외선A는 어렵다는 얘기다. 일시적으로 피부가 검게 타는 건 자외선B, 세월이 지나면서 피부가 쭈글쭈글해지는 노화는 자외선A의 '작품'이다.

자외선도 종류가 있다?
자외선에는 A와 B, C 세 종류가 있다. 자외선A가 파장이 가장 길고, C가 가장 짧다. 그중 자외선C는 지표면에 도달하기도 전에 오존층에서 대부분 흡수되기 때문에 사람 피부에는 거의 영향을 주지 않는다.

엄마를 깨우는 소리

아이의 네 돌 생일을 한 달여 앞둔 어느 날, 잠자리에 눕기 전에 평소 하던 대로 양치질을 시키고 있었지요. 그런데 아이가 갑자기 눈살을 찌푸리곤 "아야!" 하며 칫솔을 밀어내는 거예요. 어딜 잘못 건드렸나 싶어 "엄마가 미안" 하곤 다시 칫솔질을 하는데, 계속 아이가 아프다며 양치질을 그만하자 하더군요. 아프다는 곳은 아랫니 쪽인 거 같았어요. 충치가 생겼나 하고 아이 입안을 한참 들여다봐도 제 눈엔 별 이상은 없어 보였지요.

양치질할 때마다 이런 일이 며칠 동안 이어졌어요. 혹시나 싶어 주말에 아이를 소아치과에 데려갔어요. 의사는 웃으면서 이가 아니라 잇몸이 좀 부어서 그런다고, 정확한 원인을 알 수 없지만 별다른 치료 없이 그냥 둬도 곧 나을 거라 했어요. 이에 이상이 있으면 양치질할 때만이 아니라 대개 음식을 먹을 때도 아파한다는 거예요. 이만 생각했지 아이 잇몸은 미처 살펴보지 않았는데, 의사의 말을 듣고 보니 아랫니 쪽 잇몸이 빨갛게 부어올라 있더군요.

그래도 그만한 게 다행이다 싶어 일어나려는데, 아이 입안을 주의 깊게 들여다보던 의사가 "혹시 아이가 이를 많이 가나요" 하고 물었습니다. 생각지도 못한 질문을 받아 어리둥절해하는 제게 의사가 아이 앞니를 가리켰어요. 세상에, 앞니 두 개가 끝부분이 눈으로 봐도 매끈할 정도로 갈려 있는 거예요. 의사는 이를 가는 습관은 고쳐주는 게 좋다면서 아이가 자는 동안 한번 살펴보라 했어요.

아이 앞니에서 갈려 있던 부분은 윗니와 아랫니가 맞닿는 면입니다. 치과에선 그곳을 교합면이라고 부르지요. 교합면은 주로 음식을 씹을 때나 침을 삼킬 때처럼 짧은 시간만 접촉하게 됩니다. 그래서 모양도 씹는 기능에 적합하게 생겨 있어요.

그런데 자는 동안 이를 꽉 물거나 옆으로 갈면 교합면끼리 접촉하는 시간이 길어지지요. 치아에 가해지는 물리적인 힘도 정상적으로 씹을 때보다 적게는 두 배, 많게는 열 배나 세진다고 해요. 그러면 치아의 표면이 점점 닳아 가장 바깥층인 법랑질이 깎여나가게 됩니다. 정상적으로 씹는 기능에 맞춰 만들어진 모양이 점점 평평하게 변하면 보기 싫은 건 둘째 치고 치아 건강에 좋을 리가 없겠지요. 더 심해져서 법랑질 안쪽 노란색을 띤 연한 상

아질까지 드러나버리면 시린 증상도 나타나고, 치아 마모도 더 쉽고 빠르게 진행됩니다.

　이갈이를 너무 많이 하면 겉으로 보이지 않는 잇몸 속 치주조직에도 변화가 생긴다고 해요. 음식을 씹을 때는 턱이나 치아가 주로 위와 아래 방향으로 절구질하는 것처럼 움직이기 때문에 치주조직은 대부분 수직으로 받는 힘에 적응하도록 설계되어 있습니다. 하지만 맷돌처럼 치아를 좌우로 움직이며 세게 갈면 힘이 치주조직의 수평 방향으로 가해지겠지요. 역시 잇몸에 좋을 리 없을 겁니다. 예를 들어 치주염 같은 잇몸 질환이 더 쉽게 생길 수도 있다고 해요.

　고생하는 건 이나 잇몸뿐이 아니에요. 보통은 치아가 닿을 때만 힘을 발휘해야 할 턱 근육도 밤새 이갈이가 계속되면 쉬지 않고 긴장 상태를 유지해야 해요. 턱이 움직일 때 지렛대 역할을 해주는 턱 관절에도 당연히 무리한 힘이 가게 되지요. 그래서 이갈이가 너무 심하면 간혹 아침에 일어났을 때 턱이 뻐근한 경우도 생긴다고 해요.

　이렇게 힘든 이갈이를 도대체 어린아이들이 하는 이유는 뭘까요? 전문가들은 아이들이 유치가 빠지고 영구치가 나는 6세부터 12세 사이에 특히 이갈이를 많이 한다고 설명합니다. 헌 이와 새 이가 섞이면서 치열이 들쭉날쭉해져 치아끼리 서로 자꾸 맞닿거나 걸리게 되기 때문이라고요. 하지만 우리 아이는 네 돌도 채 안 됐으니 여기엔 해당이 안 되지요. 참 그리고 보니 신혼 때 남편이 자면서 이를 가는 통에 잠을 설쳤던 기억이 있네요. 하지만 이갈이가 유전된다는 의학적인 근거는 아직 없다고 합니다. 아빠 닮아 이를 간다고 하기도 어렵다는 소리지요.

아이들 이갈이의 또 다른 원인으로 전문가들은 정서적인 문제를 꼽습니다. 예민하거나 심리적으로 불안하거나 스트레스를 받으면 어린아이라도 일시적으로 이를 갈 수 있다는 거지요. 아이를 편하게 해주고 몇 개월 동안 지켜봐도 계속 이갈이를 한다면 치과에 가서 아이가 입을 다물었을 때 아래윗니가 제대로 맞닿는지 검사해보는 것도 좋겠다는 조언도 들었습니다.

전문가들은 위아래 치아 사이에 투명한 아크릴로 만든 장치를 끼우는 방법을 가장 효과적인 이갈이 치료법으로 소개했습니다. 치아의 본을 떠서 만드는 이런 장치는 끼웠다 뺐다 하면서 치아 주위에 지나친 힘이 가해지는 것을 막아주고 턱 근육이나 관절에 가장 좋은 형태로 치아가 맞물리도록 만들어준대요.

이런 정도로 치료가 필요한 단계는 아니었지만, 어쨌든 우리 아이가 이를 간다는 사실을 알게 된 뒤부터 어린이집 생활에 좀 더 마음이 쓰이고, 한밤중에 자주 눈이 뜨였습니다. 그 전엔 하는지도 몰랐던 이갈이 소리에 자다 벌떡 일어나 앉기도 했고요. 그렇게 일어나 앉아선 자고 있는 아이 입을 살짝 벌려도 보고, "이 갈지 말자"고 귓속말도 해봤습니다. 천둥소리도 못 깨우던 엄마의 잠을 아이 이 가는 소리가 깨우더군요.

두세 달쯤 지났을까요? 아이에게서 어느 새 거짓말처럼 이갈이가 사라졌습니다. 아마 한창 이갈이를 할 땐 아이 딴에 뭔가 스트레스를 받을 만한 일이 있었던 게 아니었나 싶어요. 저처럼 아이 이갈이로 잠 못 드는 엄마들이 있다면, 시간이 지나면 자연스럽게 나아질 수도 있으니 너무 걱정하지 마시길 바랍니다. 그런데 아이가 다섯 살 된 지금도 한밤중에 깜짝 놀라 깨곤 하는 건 여전하네요. 아이가 꿈에서 장난감 자동차나 로봇, 만화 캐릭터라도 만나는 날이면 같이 뭘 하고 노는지 잠꼬대로 생중계를 해주는 덕분이지요.

과학 다이어리

가족들 이웃들

키우며 배우며

엄마와 아빠의 차이

아이가 생기고 난 뒤 가장 큰 변화는 남편과 말다툼하는 게 부쩍 늘었다는 겁니다. 말다툼이 가장 잦은 날은 뭐니 뭐니 해도 주말 아침이지요. 대부분 발동은 제가 먼저 걸게 되더군요.

둘만 살 때 같으면 일찍 눈을 떠도 늘어지게 한숨 더 자겠지만 아이 끼니를 챙기자니 마냥 누워만 있을 순 없는 노릇이지요. 세수할 겨를도 없이 부랴부랴 쌀부터 씻습니다. 평일에 계속 직장에 나가니 주말이면 냉장고는 텅 비어 있기 일쑤예요. 없는 재료로 국과 반찬을 후다닥 만든다는 게 여간 갑갑한 일이 아니에요.

상 차린답시고 부엌에서 달그락거리고 있으면 그 소리에 아이가 깨 안아달라, 같이 누워서 더 자자 하며 보채기 시작하지요. 이쯤 되면 자연스럽게 깰 만도 하건만, 남편은 아이 칭얼대는 소리가 들리지도 않는지 이불 속

엄마와 아빠의 차이

에서 꼼짝하질 않아요. 당연히 흔들어 깨우기도 몇 번 하지요. 어쩌면 그렇게 잘 자는지 불가사의하기까지 해요.

참다못해 일어나라고 목청을 높여 싫은 소리를 해야 남편은 마지못해 일어나 앉아요. 아이가 저렇게 칭얼대는데 왜 누워만 있느냐 쏘아붙이면 매번 자느라 못 들었다지요. 부엌에서 일하는 건 안 들리느냐, 밥하는 동안만이라도 아이를 좀 봐줘야 하는 거 아니냐 하고 연달아 잔소리를 하면 그제서야 슬금슬금 아이 이름을 부릅니다.

어찌어찌해서 아침을 먹고 나면 아이는 책 보자, 글자 놀이 하자, 장난감 자동차 사러 가자, 놀이터 가자며 안기고 올라타고 조르고 난리예요. 걷기 시작하면 더하고, 말을 하기 시작하면 거기서 더하지요. 이 광경을 바로 옆에서 보면서도 남편은 텔레비전 리모컨을 들고 채널을 돌립니다.

조용히 이불을 끌어가더니 심지어 눈까지 슬슬 감기려는 찰나, 드디어 제가 폭발합니다. 오늘만은 싸움을 먼저 걸지 않으리라 매번 다짐하지만 역시 매번 실패해요. 레퍼토리는 항상 비슷합니다. 무슨 아빠가 주말에 텔레비전만 보고 잠만 자느냐, 아이랑 놀아줄 생각은 눈곱만큼도 안 하느냐, 나도 직장 다니는데 혼자만 피곤하냐, 요즘이 어떤 시댄데 손 하나 까딱 안 하려고 하느냐, 내가 집에서 일만 하려고 결혼한 줄 아느냐, 다른 집 남편들은 말 안 해도 척척 집안일 도와주고 아이도 잘 봐준다더라……. 쏟아내다보면 폭발의 본질과 관계 없는 '선의의 거짓말'까지 나오곤 해요.

　그래도 남편은 누가 뭐래도 한숨 푹 자긴 잡니다. 몇 시간을 아이와 놀아주다 낮잠을 재우고 한숨 돌리고 나면 그제서야 남편은 눈을 비비며 일어나 "당신도 좀 자. 참 잠도 없다" 합니다. 어처구니가 없어 말문이 막히지요. 그저 헛웃음만 나와요.

　아이가 다섯 살이 된 지금이야 남편도, 저도 조금씩 바뀌면서 많이 적응했지만, 출산 직후엔 이런 상황이 주말마다 되풀이됐어요. 근본적인 원인은 아이보다 자신의 피곤함부터 먼저 챙기는 남편 때문이었던 것 같아요. 엄마처럼 자신이 좀 피곤하고 힘들어도 아이부터 세심하게 챙겨주지 않는 아빠를 이해하지 못하는 거죠. 무의식적으로 모성애와 부성애가 같은 방식으로 나타나야 한다고 생각했기 때문이에요. 하지만 사실 냉정하게 생각해보면 아이를 사랑하는 방식이 아빠와 엄마가 꼭 같아야 한다는 법은 없지요.

　동물 세계에서도 모성애와 부성애가 다른 방식으로 나타나는 경우가 꽤 있어요. 여름철엔 한반도에서 번식하고 겨울이 되면 중국 남부로 이동해 겨울을 보내는 휘파람새가 좋은 예죠. 휘파람새 수컷은 암컷을 유혹할 때와 자기 영역에 다른 수컷이 침입했을 때 맑은 노랫소리를 내는 걸로 잘 알려져 있어요.

　국내에서 휘파람새 수컷의 독특한 행동을 관찰해 발표한 연구 결과가 있습니다. 휘파람새 수컷은 사람이나 포식자가 둥지 근처로 접근하면 암컷과 새끼들이 있는 둥지에서 혼자 빠져 나와 노래를 하며 이리저리 날아다닙니다. 위험에 처한 가족은 안중에도 없고 아빠 새가 노는 데만 정신이 팔린 것같이 보이지요. 과학자들은 이럴 때 휘파람새 수컷이 내는 노랫소리는 암컷을 유혹하거나 다른 수컷을 쫓아낼 때 부르는 것과 다르다고 해요. 또 수컷의 움직임을 자세히 관찰해보면 아내와 새끼들이 있는 둥지와 가까운 위치에선 노랫소리를 내지 않는다지요. 결국 휘파람새 수컷의 행동은 포식자의 관심을 자신에게로 돌리기 위해서라는 게 연구팀의 해석이었어요. 위험을 무릅쓰고 용감하게 가족을 지키는 거죠.

뉴질랜드에는 키위라는 새가 삽니다. 깊은 숲 속에서만 사는 키위는 날개와 꼬리가 퇴화해서 날지 못해요. 낮에는 땅속이나 나무 구멍 속에 숨어 지내다 밤에만 나와 활동하는 야행성이라 눈도 약간 퇴화했고요. 키위 암컷은 나무 밑이나 굴속처럼 어두운 장소에서 한 번에 한두 개 정도 알을 낳습니다. 그런데 매정하게도 알을 낳은 뒤 암컷은 곧바로 둥지를 떠쳐나가지요. 알을 낳는 동안 다 써버린 기력을 회복하기 위해 먹이를 찾아 먹느라 정신이 없답니다. 암컷이 배를 채우는 동안 키위 수컷은 조용히 자신이 알을 품는대요. 그것도 두 달이 넘도록 말이죠. 알 무게도 만만치 않아요. 달걀보다 자그마치 일곱 배 이상 무겁습니다.

키위 수컷의 행동은 암컷의 고난을 함께 극복하기 위해서겠지요. 몸 길이가 50센티미터 정도밖에 안 되는 암컷이 커다란 알을 낳기도 힘든데 혼자 품기까지 하려면 정말 버티기 어려울지도 몰라요. 자신의 빈자리를 말없

이 채워주는 수컷 덕분에 키위 암컷은 마음 놓고 건강을 회복할 수 있겠지요. 세상에서 가장 큰 펭귄인 황제펭귄과 해마와 비슷하게 생긴 물고기인 해룡도 키위처럼 수컷이 암컷 대신 알을 돌보는 것으로 이름 짜하죠.

보통 진화심리학에서는 부성애가 평균적으로 모성애에 미치지 못한다고 설명합니다. 모성애는 본능적이고 부성애는 후천적이기 때문이라는 해석이 있는가 하면, 자기 배로 직접 새끼를 낳는 암컷과 달리 수컷은 암컷이 낳아 놓은 새끼가 정말 자기 자식인지 100퍼센트 확신하지 못하는 '부성 불확실성'이 있기 때문이라는 분석도 있어요.

하지만 진화심리학의 이런 설명을 일반화하기엔 휘파람새와 키위, 황제펭귄, 해룡 수컷이 가족을 지키기 위해 보여주는 묵묵한 애정이 애처롭습니다. 그저 가족에 대한 마음을 표현하는 방식이 암컷과 수컷 간에 다를 뿐 아닐까요?

사람도 마찬가지라고 생각해요. 바라는 대로 행동하지 않는 남편에게 치밀었던 화가 슬슬 가라앉을 즈음이면 아빠가 된 뒤 남편이 보여준 모습들이 하나둘씩 떠오릅니다. 돌아보면 아이가 두 돌 정도 지날 때까지 남편은 한 번도 자신만을 위한 쇼핑을 하지 않았지요. 요즘도 제가 근무해야 하는 일요일이 돌아오면 평소엔 반나절 넘게 잠으로 보내던 사람이 언제 그랬냐는 듯 아이가 "세상에서 제일 좋다"는 아빠가 되네요. 모성애와 부성애는 나타나는 방식이 다를 뿐 크기나 정도를 비교할 대상은 아닌가 봅니다.

행복한 엄마, 우울한 엄마

아이에게 저는 어떤 엄마일까요? 엄마의 성격이나 행동, 감정, 가치관, 습관 등이 모두 아이가 성장하는 데 영향을 끼치겠다 생각하면 더욱 궁금해지지 않을 수 없지요. 반대로 엄마인 저는 아이에게 어떤 영향을 받고 있을까요? 아이가 저를 얼마나 행복하게 하고 있는지 아니면 때로는 얼마나 힘들게 하고 있는지 역시 궁금해집니다.

최근 국내에서 흥미롭게도 엄마의 행복을 수치화한 연구 결과가 나왔어요. 서울대 아동가족학과 한경혜 교수팀과 유아용품 업체 보령메디앙스의 보령모자생활과학연구소가 함께 영·유아를 키우는 엄마 7,482명을 대상으로 10년 동안 양육 방식이나 환경을 추적하는 장기 연구 프로젝트를 진행했어요. 이 연구팀은 프로젝트 진행 후 1년 동안 이루어진 1차 조사 내용을 우선 발표했습니다.

    조사 내용 가운데 함께 있는 사람에 따라 엄마들이 느끼는 행복 수준을 측정한 데이터가 눈길을 끌었어요. 행복감의 평균을 0이라고 했을 때 엄마들이 느낀 가장 높은 행복감은 0.2였죠. 그런데 자녀가 아니라 친정 부모와 함께 있을 때 그만큼 행복을 느낀다고 조사된 거예요. 자녀와 함께 있을 때는 행복감 수치가 오히려 -0.1 이하로 떨어진다고 나타났어요. 하지만 남편과 함께 자녀를 돌볼 때는 행복감이 0.1 이상으로 최고치와 비슷하게 상승했지요.

    아이가 소중하긴 하지만, 우리 사회에서 여성에게 육아가 마냥 행복한 일만은 아니라는 사실이 증명된 셈이에요. 조사를 진행한 연구팀은 가족 안에서 엄마에게 자녀에 대한 책임이 집중되는 탓에 여성이 심리적 속박감이나 사회적 소외감을 느낀다는 의미로 조사 결과를 분석했어요.

    1차 조사 결과를 토대로 연구팀은 육아 과정에서 행복이나 우울함을 느끼는 정도에 따라 엄마를 네 가지 유형으로 나눠봤어요. 그랬더니 평균보다 더 행복하고 덜 우울한 엄마(행복한 엄마형)는 38.5퍼센트에 불과했습니다. 여기 속하는 엄마들은 자녀 수가 적고, 남편이 집안일이나 육아에 참여하는 비율이 상대적으로 높았어요.

    반대로 평균보다 덜 행복하고 더 우울한 엄마(고달픈 엄마형)는 31.5퍼센트였어요. 이 엄마들은 자녀 수도 많고, 남편의 가사 분담이 부족하다고 인식하고 있었지요. 저출산 문제로 고민하고 있는 우리 사회의 모습이 고스

란히 드러난 데이터라고 할 수 있습니다.

행복감도 우울함도 평균 이상으로 높게 나타난 엄마(복합 반응형)는 12.7퍼센트였어요. 다른 유형에 비해 막내 자녀의 나이가 어리다는 특징이 있다는 점이 흥미로웠어요. 행복감도 우울함도 평균보다 낮은 엄마(무덤덤형)들은 17.2퍼센트로 나타났습니다. 젊은 엄마들이 특별히 우울하지도 않지만 그렇다고 행복하지도 않은 일상을 보낸다는 점이 안타깝지요. 무덤덤형 엄마들은 자녀 나이가 비교적 많다는 특징을 보였어요.

육아는 엄마 몫이고 집안 문제라는 인식이 강한 우리 사회에서 추상적으로만 논의되어왔던 양육 문화를 과학적으로 분석하려는 시도는 의미 있다고 생각해요. 저출산 문제의 근본적인 해결법은 육아를 둘러싼 현실을 정확하게 인식하는 데서부터 시작돼야 하기 때문이지요. 아이를 키우는 데 실질적으로 도움이 되는 좀 더 현실적인 보육 정책을 만들기 위해서도 꼭 필요한 일입니다.

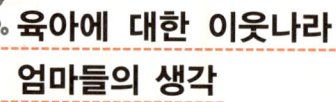
육아에 대한 이웃나라 엄마들의 생각

일본의 교육·문화 기업인 베네세 코퍼레이션이 세운 베네세차세대육성연구소가 최근 만 6세 이하 미취학 자녀를 둔 동아시아 4개국 주요 도시 다섯 곳(서울과 도쿄, 베이징, 상하이, 타이페이) 부모 6,245명을 대상으로 육아관에 관한 설문조사를 했다.

"아이가 장래에 어떤 사람으로 자라길 바라는가"라는 질문에 이들 도시에서 공통적으로 가장 많은 답변은 "가족을 소중히 여기는 사람"이었다. 그다음으로 많이 나온 답변은 나라마다 뚜렷한 차이를 보였다. 한국 엄마들은 둘째 바람으로 "리더십 있는 사람"을, 셋째 바람으로 "경제적으로 풍요로운 사람"을 꼽았다. 일본 엄마들은 "친구를 소중히 여기는 사람"과 "타인에게 폐를 끼치지 않는 사람"을, 중국 엄마들은 "업무에서 뛰어난 능력을 발휘하는 사람"과 "주위 사람들에게 존경받는 사람"을 각각 둘째와 셋째 바람으로 답했다. 자식의 능력이 지닌 가치를 중요하게 여기는 한국 엄마들과 사회 구성원으로서 제구실하는 것을 중요하게 여기는 일본 엄마들의 가치관 차이가 표현된 결과라고 연구소는 분석했다.

또 다른 나라에 견줘 한국 엄마들이 아이를 키울 때 긍정적, 부정적 감정을 더 많이 극단적으로 오가는 것으로 나타났다. "아이를 키우는 건 행복한 일이다"나 "우리 아이는 잘 자라고 있다"라고 긍정적으로 답한 한국 엄마들은 같은 답변을 한 다른 나라 엄마들보다 좀 더 많았다. "아이가 잘 자랄 수 있을까 걱정된다"거나 "아이를 키우기 위해 늘 희생한다" 등 부정적 감정에 대한 답변 역시 가장 많았다. 특히 희생하고 있다는 생각은 다른 나라에 비해 두드러지게 차이가 났다. 연구팀은 많은 엄마들이 자신의 육아 방식이 최선인지 아닌지를 판단하지 못하는 육아 불안 증세를 경험한다는 의미라고 분석했다.

동아시아 다섯 도시 부모 육아관 설문 조사

(단위: %)

	도쿄	서울	베이징	상하이	타이페이
아이를 키우는 것은 행복한 일이다	93.9	95.1	93.3	94.2	91.6
우리 아이는 잘 자라고 있다	78.5	96.6	92.7	91.9	77.3
아이가 잘 자랄 수 있을까 걱정스럽다	63.5	87.0	58.3	55.9	84.6
아이에게 화풀이하고 싶을 때가 있다	58.8	59.5	16.7	14.3	23.0
아이를 키우기 위해 늘 희생하고 있다	36.7	83.7	43.2	44.2	54.2
육아도 중요하지만 내 인생도 소중하다	56.5	63.1	71.7	68.8	63.1
글자나 숫자는 빨리 가르치는 게 좋다	19.2	13.4	35.1	40.3	40.6
아이가 떼를 쓰면 엄하게 꾸짖는 게 좋다	40.3	76.0	8.0	9.9	15.7
아이가 명문대에 다녔으면 좋겠다	29.7	51.9	61.9	67.4	28.9
아이가 3세까지는 엄마가 키우는 게 좋다	58.8	76.9	69.8	64.3	61.1
아이 교육에 대해선 아이 선택을 존중한다	74.1	74.0	75.1	70.9	43.4

자료: 베네세 코퍼레이션

가을이와의 이별

든 자리는 몰라도 난 자리는 안다고 했지요. 사람 두고 나온 말이지만 동물도 마찬가지인 것 같아요. 가을이 빈자리가 여전합니다. 앞에 잠깐 소개했지만 가을이는 시댁에서 기르던 개예요. 아이가 네 돌 되기 몇 달 전에 세상을 떠났지요.

저야 가을이와 함께 지낸 게 고작 3년 남짓이지만 시댁 식구들은 10년 넘게 한솥밥을 먹었으니 가족이나 다름없었어요. 특히 손자, 손녀가 아직 없던 때에 이런저런 집안일들로 힘들 때마다 가을이에게 위안을 얻으셨던 시어머니는 가을이가 세상을 뜬 뒤 숫제 앓아 누우셨습니다. 저녁마다 "가을아, 엄마 따라 나와" 하며 산책을 시키실 땐 가을이가 어머니께 자식이었으니까요.

사람과 동물 사이엔 커다란 장벽이 있습니다. 바로 언어지요. 말이 통하지 않으니 감정이나 생각을 정확히 전달할 길이 없어요. 하지만 가을이와 어머니를 볼 때마다 언어가 절대적인 장벽이 아닐 수도 있겠다 싶었어요. 가을이가 내는 작은 소리나 사소한 몸짓만으로도 어머니는 잠이 오는구나, 밖에 나가고 싶구나, 오줌이 마렵구나, 어디가 아프구나 척척 구분하셨으니까요. 저한테는 그냥 단순한 음성이나 행동에 불과했지만, 가을이와 어머니 사이에서는 그게 언어였던 셈이지요.

제가 출근해 있는 동안 어린이집에서 보내는 시간 외에는 줄곧 할머니랑 가을이랑 함께 지냈던 우리 아이도 정이 많이 들었나봅니다. 지금도 아빠 휴대전화에 담겨 있는 가을이 사진을 종종 찾아보곤 하거든요. 가을이가 살아 있을 때 아이와 티격태격하는 걸 보고 있으면 꽤나 흥미로웠지요.

아침에 잠이 깨면 아이는 좋아하는 장난감을 모두 제쳐두고 제일 먼저 가을이한테 쪼르르 달려가 "가으이, 잘 잤니? 내가 와쪄" 하며 안부를 챙겼어요. 하지만 정작 가을이는 썩 탐탁지 않아 했지요. 아이가 인사하며 살짝 만질라 치면 눈을 커다랗게 뜨고 낮은 소리로 으르렁거리곤 했으니까요. 간혹 가을이가 입을 크게 벌리며 물겠다고 위협이라도 하면 아이는 집이 떠나가라 울었어요.

애완견은 본능적으로 위계질서를 인식하는 능력이 있다고 해요. 과학자들은 개가 수만 년 전 사회적 동물인 늑대에서 갈라져 나와 진화했기 때문이라고 설명합니다. 이런 능력 덕분에 개는 집안의 어른과 꼬마를 구별할

가을이와의 이별

줄 안다는 거예요. 실제로 가을이도 아이가 아니라 어른이 다가와 인사하면 발딱 일어나 꼬리까지 흔들었어요.

으르렁거리다가도 아이가 "이쁘다, 이쁘다" 하며 살살 쓰다듬으면 가을이는 언제 그랬냐는 듯 금세 얌전해졌지요. 그냥 손만 대려고 하면 공격이나 도전의 뜻으로 받아들이지만, 예쁘다는 말도 같이 해주면 친해지고 싶어 하는 아이의 의도를 알아챘던 것 같아요.

개가 사람의 말이나 의도를 알아챈다는 건 실험으로 증명되기도 했습니다. 미국의 한 연구팀은 사람이 기른 늑대와 태어난 지 몇 달 안 된 강아지에게 눈짓과 손짓을 섞어가며 숨겨놓은 음식물에 대한 힌트를 줬어요. 결과는 강아지의 승. 사람과 접촉할 시간이 훨씬 적었는데도 오히려 힌트를 더 잘 알아들었다는 거예요.

아이는 맛있는 과자가 생기면 바가지에 정성스럽게 나눠 담아 가을이한테 내밀곤 했어요. 그럴 때 가을이는 얇고 높은 소리로 낑낑거렸고요. 과자를 맛있게 먹고 기분이 좋아졌을 때는 아이 손을 핥아주기도 했어요. 그러면 아이는 "가으이가 '고마워' 그런다"며 할머니와 엄마에게 신이 나서 자랑을 했지요.

개가 낑낑거리는 건 사람에게만 내는 소리라고 하네요. 개끼리는 서로 잘 낑낑대지 않는대요. 오래전부터 인간과 함께 살면서 가축화하는 동안 낑낑거리며 애교를 부리면 음식을 얻거나 사랑을 받을 수 있다는 사실을 깨달

앉을 거라고 과학자들은 추측하고 있습니다.

아이와 가을이가 으르렁댔다 화해했던 게 하루에도 몇 번씩이었죠. 아마 가을이가 좀 더 살았더라면 할머니처럼 아이도 가을이 눈빛만 보아도 기분이 좋은지 나쁜지 아는 경지에 이르렀을지도 모르겠어요. 서로 다른 두 종이 밀고 당기며 의사소통하는 방식을 배워가는 모습이 새삼 놀랍고 기특했습니다.

많은 과학자들이 동물의 소리나 몸짓을 분석해 좀 더 쉽게 그 안에 담긴 의미를 읽어내려고 시도해왔어요. 동물 소리의 높낮이나 세기, 몸짓의 범위나 형태 등을 수치나 기호로 만들고, 거기에 우리 식으로 의미를 붙이면 동물과 의사소통하는 도구로 쓸 수 있을 거라는 생각에서죠. 하지만 동물과 자연스럽게 대화할 수 있는 어떤 첨단 기술이나 기계도 아직 나오지 못했지요.

그런데 기술이나 기계 없이 동물의 세계를 이해하려는 과학자들도 있어요. 바로 동물행동학자들이죠. 동물행동학은 동물의 행동이나 습성 등을 직접 관찰하고 비교, 분석하는 생물학의 한 분야입니다. 첨단 생물학자들이 실험실에서 동물의 세포와 분자를 들여다볼 때 동물행동학자는 산으로, 숲으로, 바다로 들어가 동물을 직접 만나죠.

하지만 국내에서는 동물행동학 연구를 찾아보기 쉽지 않아요. 짧은 시일 안에 많은 논문이 나오기 어려우니 고생하는 만큼 사회적으로 인정받기

어렵다는 이유가 클 겁니다. 후학이 없다며 안타깝게 한숨 쉬던 한 동물행동학자의 목소리가 생생하네요.

가을이가 살아 있을 때 아이가 어머니께 묻곤 했어요. "할머니, 가을이가 왜 으르렁거려요?" "왜 자꾸 나를 따라와요?" "가을이는 왜 고기만 좋아해요?" 자연으로 들어간 동물행동학자들이 동물의 소리와 몸짓을 관찰하며 맨 처음 갖는 의문도 이와 크게 다르지 않을 것 같아요. 첨단 기술이나 기계, 연구 논문만이 과학 발달을 주도하는 건 아닙니다. 아이의 눈높이나 어머니의 마음으로 동물을 바라보는 게 생물학의 출발점이 아닐까요?

할머니 가르치는 아이

2년쯤 전에 친정아버지와 시어머니가 휴대전화를 새로 장만하셨어요. 그 뒤로 아버지는 전화로 이야기해도 될 걸 문자메시지로 보내곤 하십니다. 문자메시지를 보내고 받는 방법을 모르셨는데, 휴대전화를 새로 사고 배우셨거든요. 어머니께는 휴대전화로 사진 찍는 방법을 가르쳐드렸더니 손자 사진을 찍어주겠다고 한동안 연습에 열심이셨어요.

솔직히 두 분이 휴대전화 쓰시는 모습을 보면 지금도 살짝 어색한 느낌이 들곤 합니다. 버튼 몇 개 누르면 되는 간단한 사용법을 그렇게 낯설어들 하실 수가 없어요. 처음엔 며칠 연습하고 나서도 휴대전화 폴더를 열 때마다 여전히 긴장하시는 눈빛이 역력했어요. 생신 같은 날 최신 스마트폰으로 전화를 바꿔드릴까 여쭤보면 고개를 저으시지요. 이제 좀 휴대전화에 익숙

해졌는데 뭘 또 바꾸느냐 하시면서 말이죠.

우리 아이는 정반대예요. 갓 두 돌 지났을 때도 엄마랑 아빠가 컴퓨터와 휴대전화를 쓰는 걸 몇 번 보고는 혼자서도 척척 켜고 받으니까요. 할머니에게는 "함무, 이여케 하는 거야"라며 되레 가르쳐드렸어요. 뒤늦게 스마트폰을 구입한 터라 저 또한 한동안 사용법이 익숙하지 않았는데, 몇 달 전부터 아빠 스마트폰을 갖고 놀던 아이는 어느 메뉴가 어디 있고 어떤 기능인지 훤히 꿰고 있더군요. 오디오, 리모컨, 카메라에도 금세 익숙해지는가 하면, 새로운 기기를 볼 때마다 꼭 한 번은 만져봐야 직성이 풀리나봐요. 유치원 가기 전에 온라인 게임을 마스터했다는 친구 아이 이야기를 예전엔 설마 했는데, 이젠 충분히 믿을 수 있습니다.

어른들은 세상 참 많이 달라졌다는 말씀을 입버릇처럼 하지요. 달라지는 데 가장 큰 몫을 한 게 바로 디지털 기술일 겁니다. 무엇이든 몸을 움직이고 손을 써서 해결해야 했던 아날로그 시대를 거친 어머니, 아버지께서는 앉아서 버튼만 누르면 안 풀리는 일이 없는 요즘 세상이 낯설 법도 해요.

하지만 세상은 달라지지 않았습니다. 다만 세상을 풀이해주는 과학이 변했을 뿐이지요. 가장 작은 존재인 줄 알았던 원자보다 더 미세한 입자들을 찾아냈고, 만유인력의 법칙이 전부인 것 같았는데 상대성이론이 혜성 같이 등장했습니다. 새로운 이론이 낯선 입자들을 컨트롤할 수 있게 됐어요. 결국 실험실에서만 필요할 듯했던 거대한 컴퓨터가 이제는 사람들의 가방과 호주머니에까지 들어 앉았네요.

과학의 변화가 디지털을 만들어냈고, 이제 한술 더 떠 '디지털 다위니즘'이라는 말까지 생겨났습니다. 끊임없이 변하는 디지털 환경에 적응해 진화하는 자만이 살아남는다는 의미예요. 과학자나 기업을 두고 생긴 말이라지만, 한 달 일 년이 멀다 하고 변해가는 전자 기기를 보면 점점 보통 사람도 예외는 아니겠구나 싶어집니다.

디지털 다위니즘 시대에 아이를 키우면서 갈등할 때가 있어요. 현관문을 리모컨으로 여는 걸 먼저 알려줄까, 열쇠를 사용하고 보관하는 법부터 가르쳐줄까 하고 말이에요. 인터넷 쇼핑 사이트에 들어가 클릭하는 모습부터 보여줄까, 재래시장에서 입담 센 아주머니와 흥정하는 노하우부터 전수할까? 첨단 디지털 환경을 마음껏 누리기 바라면서도 우리 어머니, 아버지 시대의 능동적이고 부지런한 모습도 물려받길 바라는 게 솔직한 마음입니다.

몇 년 전에 1960년대와 1970년대 생활상을 재현한 전시회가 열렸을 때 그 시절에 학교를 다닌 엄마, 아빠들이 아이 손을 잡고 많이들 찾았다는 기사를 읽은 적이 있어요. 우리 시대 젊은 부모 세대의 마음이 저와 크게 다르지 않은 것 같아 내심 반가웠지요. 편리하다는 게 무조건 좋지만은 않을 거예요. 가끔은 불편을 감수할 줄 아는 태도도 가르쳐야겠지요. 디지털이 아무리 발달해도 아이 교육에서만은 아날로그 시대의 부지런함과 인내심이 살아 있어야 한다고 생각합니다.

다시마와 미역의 함정

2011년 봄 동일본 대지진으로 후쿠시마 제1원자력발전소에서 사고가 일어나자 일본은 물론 전 세계가 방사능 공포에 떨어야 했지요. 일본과 가까운 우리나라에선 불안이 더욱 컸습니다. 한동안 엄마들 사이에서는 방사능 마스크나 요오드 약을 사야 하는 것 아니냐, 아이들에게 해조류를 많이 먹여야 하는 것 아니냐 하는 이야기가 돌기도 했어요. 방사능에서 아이를 지키고 싶은 마음 때문이었겠지만, 사실 좋은 방법은 아니었지요.

방사능 마스크는 보통 원자력발전소에 직접 들어가서 작업을 하거나 방사성물질을 직업적으로 다루는 사람들이 씁니다. 이런 마스크라도 해도 방사선을 원천적으로 차단하는 건 아니에요. 입자 형태 방사선인 알파선이나 방사성물질 자체는 막을 수 있지만, 투과력이 강한 방사선인 베타선이나 감마선은 마스크도 뚫어요. 그런데 후쿠시마 원전 사고 직후에도 우리나라는 사람들이 마스크를 써야 할 상황은 아니었습니다. 방사성물질이 대기나 빗물에서 극미량 검출되기는 했지만, 건강에 영향을 주는 정도에는 한참 못 미쳤으니까요.

　방사성물질이 극미량 검출됐다는 소식이 나오기 시작하자 요오드제제가 약국에서 많이 팔렸다고도 합니다. 심지어 하루에 한 알씩 먹으면 방사선 예방에 도움이 된다고 권하는 약국도 있었대요. 그러나 약국에서 파는 일반적인 요오드제제는 대부분 갑상샘 질환 환자 등이 복용하는 약으로, 방사선과는 아무런 상관이 없습니다. 실제로 방사선에 피폭되었을 때 먹어야 하는 안정화요오드는 요오드 성분이 130밀리그램 들어 있는 알약 형태로, 정밀 검사를 거쳐 의사 처방에 따라 복용해야 해요.

　요오드는 방사성 원소든, 보통 원소든 몸 안에 들어가면 대부분 갑상샘으로 모여요. 건강한 상태에서 요오드를 먹으면 오히려 갑상샘의 정상적인 기능을 방해할 수 있어요. 방사선 피폭을 예방하겠다고 한도 이상으로 안정화요오드를 많이 먹으면 침샘이 마르거나 염증이 생기거나 열이 나는 등 부작용이 생길 가능성도 있고요.

　다시마와 김, 미역 같은 해조류도 한동안 많이 팔렸지요. 방사능 피폭 예방을 위해 아이들에게 먹이려는 엄마들이 늘었다는 거예요. 해조류에 요오드가 들어 있는 건 사실입니다. 방사선을 내지 않는 이런 보통 요오드는

갑상샘으로 들어가 방사성 요오드가 달라붙지 못하도록 막아줘요. 하지만 이 효과가 의학적으로 의미 있는 수준만큼 나타나려면 엄청나게 많이 먹어야 합니다. 해조류 섭취만으로 방사선 피폭 예방은 사실상 불가능하다는 말이죠.

후쿠시마 원전 사고 직후에 사람들이 보인 반응은 위험성을 논리적으로 따져보기도 전에 이미 뇌에서 공포 반응이 일어난 상태였다고 과학자들은 분석했어요. 국내로 유입된 방사성물질이 많지 않다거나, 적어도 얼마만큼 방사선을 한 번에 받아야 인체에 영향이 나타난다거나 하는 과학적 사실을 정확히 판단하기 전에 편도체를 중심으로 하는 뇌 속 공포 신경회로가 작동하기 시작했다는 겁니다. 공포 신경회로는 뇌의 다른 영역들을 함께 활성화하는 특성이 있어요. 심해지면 이성적인 사고를 담당하는 영역이 과도한 공포 회로의 영향 때문에 제대로 기능할 수 없게 되지요.

어떤 과학자들은 이 현상에 대해 우리 국민이 오래전부터 공포를 학습해온 영향 때문이라는 해석도 내놓았어요. 심리학에서 말하는 파블로프의 조건반사와 비슷한 상황이라는 거예요. 러시아 생리학자 이반 파블로프는 주인이 오면 음식을 준다는 사실을 학습한 개가 주인의 발자국 소리만 들어도 반사적으로 침을 흘리는 게 뇌의 작용 때문이라는 사실을 알아냈지요. 우리 역시 어릴 때부터 방사능 하면 원자폭탄이나 핵무기 같은 이미지가 연상되는 교육을 주로 받아왔기에 방사능이라는 말만 들어도 자신도 모르게 공포를 느낀다는 설명이었습니다.

꼭 원전 사고 같은 큰일이 아니더라도 일상생활에서 엄마들이 불필요하게 공포를 느끼는 경우가 더러 있지요. 좋은 예가 산성비입니다. 보슬비처럼 가는 빗줄기가 오는 둥 마는 둥 할 때 아이와 함께 그냥 우산 없이 다니면 지인들은 꼭 한마디씩 하곤 하지요. "아이 감기 들겠다" 아니면 "산성비를 애한테 맞게 하면 어떻게 하느냐"는 핀잔이에요. 감기 걱정은 충분히 공감하나, 산성비에 대해선 다시 생각해볼 필요가 있습니다.

사실 세상에 내리는 비는 산성일 수밖에 없거든요. 대기 중에 있는 이산화탄소가 산성을 띠기 때문입니다. 구름에서 만들어진 빗방울이 지상으로 떨어지면서 이산화탄소가 녹아들어 비는 산성도를 나타내는 수소이온 농도지수 pH가 5.6에서 6.5 정도로 약한 산성을 띠어요. 특별히 산성비라고 칭하는 건 pH가 5.6 미만인 비를 말해요. 이산화탄소처럼 공기에 자연스럽게 녹아 있는 산성 물질 말고 이산화황이나 질소산화물 같은 오염 물질이 많으면 이들이 비에 녹아 pH를 떨어뜨리는 거죠. pH가 낮을수록 산성이 강해요. 그런데 우리가 일상에서 자주 쓰는 생활용품 가운데는 산성비보다 더 산성을 띠는 것도 많아요. 예를 들어 샴푸의 pH는 4에서 7, 오렌지 주스나 요구르트는 3.5 정도지요.

빗물을 연구하는 과학자들은 평소에 먹거나 쓰는 것보다 산성도가 약한데도 유독 빗물이 좋지 않다고 여기는 건 고정관념일 뿐이라고 주장합니

다. 산성비가 피부나 소화기 등에 미치는 영향은 과학적으로 아직 증명되지 않았다는 거예요. 실제로 빗물을 모아 하루 정도 두면 pH는 금방 중성이 된다는 게 과학자들의 실험 결과예요. 칼슘이나 마그네슘처럼 땅 위나 먼지 중에 있는 알칼리성 물질과 섞이기 때문이라고 하네요.

엄마가 되고 나서 전보다 더 조심스러워지는 건 맞아요. 매사 조심하는 게 나쁠 건 없지만, 간혹 굳이 하지 않아도 될 걱정까지 떠안는 경우가 있어요. 대기오염 때문에 빗물이 점점 산성을 띠어가는 건 사실이고, 장기적인 개선책도 물론 필요합니다. 하지만 어쩔 수 없이 아이가 비를 맞았어도 노심초사할 필요까지는 없다는 얘기예요. 엄마들이 과학에 귀를 기울여야 하는 이유입니다.

생활 속 산성도 비교

서울대 지구환경시스템공학부 한무영 교수팀이 일상 속에서 자주 쓰이는 식품이나 생활용품의 산성도(pH)를 직접 측정해 비교한 결과다.

식용유 6.34 주방세제 6.92
간장 4.45 식초 3.07
녹차 5.68 커피 5.46
우유 6.55 콜라 3.39

"엄마가 되고 싶어요"

2007년 초여름이었어요. '뭔가 달라진 것 같다'는 직감이 들어 약국에 가서 임신진단키트를 샀습니다. 자고 일어나서 첫 소변으로 진단해보는 게 정확하다고 해서 초조한 마음으로 아침이 되기를 기다렸고, 드디어 결과를 확인했어요. 선명하게 나타난 두 줄이 눈에 들어온 순간, 이상하게도 눈물부터 났어요. 그날 남편을 붙잡고 참 많이도 울었습니다.

왜 그랬을까 되돌아보면 아마 임신과 출산, 육아에 대한 기쁨보다 두려움이 더 컸기 때문이었지 싶어요. 아기를 배고 엄마가 된다는 것에 대해 막연하게만 느껴졌으니까요. 결혼했으니 언젠가는 거쳐야 할 일이라고 생각은 하고 있었지만, 그렇게 갑작스럽게 맞닥뜨릴 줄은 몰랐고요. 많은 생각이 스쳤지요. 자신도 제대로 챙기지 못하는 내가 아기를 잘 키울 수 있을까

하는 걱정이 제일 컸던 것 같습니다.

지금은 알지요. 그렇게까지 두려워하지 않았어도 될 일이었다는 걸 말이에요. 그리고 막연하게 두렵다고만 생각했던 육아에 대해 새롭게 배워가고 있어요. 아이를 키우는 게 참 기쁜 일이라는 사실도 처음 알게 되었고요.

그 기쁨을 안타까운 마음으로 간절히 기다리는 여성들이 참 많습니다. 엄마가 되고 싶은 여성들에게 반가운 소식을 최근에 취재하다 알게 됐어요. 습관성 유산을 진단하고 치료할 수 있는 방법을 국내 과학자들이 찾아냈다고 해요.

일반적으로 의학계에서는 임신 초기인 20주 전에 유산하는 것을 세 번 이상 연속으로 경험했다면 습관성 유산으로 봅니다. 습관성 유산은 오랫동안 여성 불임을 일으키는 가장 큰 이유로 지목돼왔지요. 특히 최근 들어 습관성 유산이 크게 증가했어요. 국민건강보험공단이 발표한 통계를 보면 우리나라 전체 임신부의 약 15퍼센트가 유산을 경험하고, 그중 세 명 가운데 한 명은 습관성 유산인 것으로 나타났습니다.

차병원 여성의학연구소가 습관성 유산인 여성 29명과 그렇지 않은 여성 28명의 혈액을 뽑아 그 안에 들어 있는 단백질의 특성을 비교, 분석했어요. 그 결과 습관성 유산 여성의 65퍼센트 이상에서 특정 단백질의 길이가 유달리 짧다는 사실을 알아냈어요. 이 단백질이 습관성 유산을 일으키는 데 관여할 거라고 추측할 수 있겠지요.

지금까지 습관성 유산의 절반 이상은 정확한 원인이 밝혀지지 않았습니다. 그래서 뚜렷한 예방법도, 치료법도 없지요. 이번에 처음으로 예방이나 치료 방법을 찾을 수 있는 실마리를 얻은 셈이에요. 연구팀은 단백질을 이용해 피검사만으로 습관성 유산이 생길지 안 생길지를 미리 알아낼 수 있는 진단 키트를 개발 중이라고 밝혔습니다. 앞으로 이 단백질이 왜 짧아지는지 이유를 밝혀내고, 길이를 조절할 수 있는 방법을 과학자들이 알아낸다면 습관성 유산의 치료까지도 가능해질 수 있을 테지요.

언젠가 국내 한 여성전문병원에 취재하러 갔다가 화장실에서 30여 분을 보낸 적이 있습니다. 엄마가 되고 싶어서 힘겹게 불임 치료를 받고 있는 많은 여성들이 화장실 벽에 빼곡히 남겨둔, 서로를 격려하는 메모를 보다가 그렇게 시간이 지났어요. 이번 연구 결과를 그 메모들 옆에 붙여두고 싶어지네요.

열 달 건강 태교법

아기를 배 속에서 키우는 열 달, 참 조심스럽다. 임신부와 태아에 좋다는 음식 정보가 넘치지만, 정작 어떤 게 정확한지 초보 엄마는 혼란스럽기만 하다. 산부인과 전문의 박문일 한양대 의대 교수가 임신 기간 동안 먹으면 임신부와 태아에게 도움이 되는 음식을 추천했다.

임신 시기	필요한 음식	도움 되는 효과
임신 전	검은콩, 구기자	기형아 예방
임신 1개월	참깨, 잣, 팥	태아 호르몬 생성
	콩	태아 장기 형성
2~3개월	달걀, 호두	임신부 입덧 극복
	과일, 채소, 옥수수, 송이버섯, 고추	태아 뇌 발달
	사과식초, 꿀, 호박씨, 유채씨, 참기름, 들기름	태아 심장과 감각기관 발달
4~5개월	현미밥, 잡곡밥	태아 척추 형성
5개월	당근, 브로콜리, 간, 과일 호박, 고구마, 해조류	태아 성장
6개월	붉은 살코기, 어패류, 연근, 마, 기장, 좁쌀	태아 성장

임신 시기	필요한 음식	도움 되는 효과
7개월	당근, 호두, 호박씨, 복숭아, 밤	태아의 폐와 뇌 발달
8개월	함초, 토란, 오이, 토마토, 우엉	임신부 배변
9개월	미역, 김, 다마, 함초	태아 신장 발달, 임신부 순산 유도 호르몬 분비
10개월	함초, 삼백초, 양배추, 근대, 시금치, 곡류, 콩	임신부 신장 기능, 모유 수유 준비

이른둥이를
위하여

　　　　　　　아이와 어린이집에서 같은 반이었던 친구 중에 몸집이 눈에 띄게 작은 아이가 있었어요. 매일 저 대신 아이를 어린이집에 데려다주고 데려오시는 시어머니 말씀으로는 그 아이가 환절기마다 다른 아이들보다 결석도 잦은 것 같다고 하셨지요. 몸이 유난히 약한가 했는데, 알고 보니 그 아이는 이른둥이였더군요. 엄마 배 속에서 열 달을 채우지 못하고 일고여덟 달 만에 태어난 거예요.

　　의학계에서는 임신 기간이 37주 미만인 아이를 이른둥이로 정의합니다. 미숙아나 조산아, 칠삭둥이, 팔삭둥이 등도 같은 말이지요. 요즘 들어 우리나라에 이른둥이가 많아졌어요. 10년쯤 전만 해도 전체 신생아의 3.5퍼센트 정도가 이른둥이였는데, 최근에는 어느새 5퍼센트를 넘어섰어요.

　　전문가들은 그 원인을 크게 세 가지로 봅니다. 우선 나이 많은 엄마와 일하는 엄마가 늘었기 때문이에요. 35세 이상인 고령 산모 비율이 10년 전 약 6퍼센트에서 지금은 10퍼센트 이상으로 높아졌다는 거예요. 산모가 고령일수록, 운동량이 많을수록 조산 가능성이 크다고 전문가들은 설명합니다.

쌍둥이 출생이 많아진 것도 이른둥이 증가에 한몫하고 있어요. 최근 우리나라에선 태어나는 아기 1,000명당 쌍둥이가 24명 정도라고 해요. 불임 시술을 받은 부모에게서 태어나는 아기들의 절반 정도가 쌍둥이고요. 우리나라 쌍둥이는 약 15퍼센트가 불임 시술로 태어난다고도 합니다. 한 배에 둘이 들어 있다보면 아무래도 다른 아기들보다 빨리 나오게 될 확률이 높아지는 거죠.

이른둥이를 낳은 엄마들은 혹시 아기에게 무슨 후유증이라도 생기지 않을까 걱정하는 경우가 많아요. 실제로 이른둥이는 임신 기간을 다 채우고 나온 아이보다 몸무게가 적게 나가니까요. 태어났을 때 몸무게가 2,500그램 미만이면 저체중 출생아로 보는데, 이른둥이 중엔 저체중이 많지요.

그만큼 사실 몸이 약할 수도 있다고 해요. 영아 때 이른둥이가 다른 아이들에 비해 영양이 부족하거나 호흡기병에 잘 걸리는 경향을 보인다는 의견도 있어요. 하지만 대부분은 심각하게 걱정할 정도는 아니라는 게 전문가들의 설명이에요. 어릴 때 설사 그랬다 해도 두 살 정도 지나고부터는 다른 아이들 몸무게를 따라가기 시작하는 경우가 많고, 자라면서 점점 나아진다고 합니다.

요즘은 의학이 많이 발전해서 태어날 때 몸무게가 1,500그램 미만인 극소 저체중 출생아도 큰 후유증 없이 잘 자랄 수 있어요. 다만 드물게 나타나는 1,000그램 미만 초미숙아는 10퍼센트 정도에서 발달 장애나 시력 저하, 인지 장애 같은 후유증이 생길 가능성을 배제할 수 없다고 합니다.

이른둥이 엄마들이 가장 조심해야 할 건 무엇보다 호흡기 질환이에요. 특히 RS바이러스라는 균이 일으키는 세細기관지염이 위험합니다. 다른 아이들은 감기처럼 앓고 지나가지만, 이른둥이에게는 치명적일 수 있거든요. 특히 기관지폐이형성증이라는 폐 질환에 자주 걸리는 초미숙아일수록 RS바이러스에 감염될 가능성도, 감염된 후 사망할 위험도 높다고 해요.

다행히 예방약은 개발돼 있어요. RS바이러스에 대항해 싸울 수 있는 특수 항체를 몸에 주사하는 거죠. 해외 여러 나라에서는 임신 기간이 32주 미만인 초미숙아에게 이 약을 쓰고 있다고 합니다.

하지만 우리나라는 사정이 달라요. 국내에서는 초미숙아 중에서도 기관지나 폐에 이상이 있는 아이에게 RS바이러스 예방약을 쓸 때만 보험 적용이 된다고 전문가들은 설명합니다. 그렇지 않은 미숙아는 보험 적용이 되지 않아 하는 수 없이 비싼 값을 주고 예방약을 써야 하는 거죠. 열 달 채우고 나온 아이는 전혀 맞을 필요 없지만, 이른둥이들은 꼭 호흡기에 문제를 갖고 있지 않더라도 걸리면 치명적일 수 있는데 말이에요. 전문가들은 초미숙아 전체로라도 보험 적용이 좀 더 확대되면 세기관지염 때문에 입원하거나 사망하는 아이들이 줄 것으로 내다보고 있습니다.

　최근 글로벌 제약 회사 애보트가 한국을 포함한 13개국의 엄마 1,300명을 대상으로 조사한 결과 이른둥이를 둔 엄마는 죄책감과 공포, 무기력증을 겪은 것으로 나타났어요. 특히 한국의 이른둥이 엄마들이 죄책감을 느낀다고 답한 비율은 외국보다 높았어요. 이른둥이 아이가 병원을 오고 갈 때마다 아마도 엄마의 죄책감은 더 커지겠지요.

　저출산이 문제라고들 합니다. 출산 장려금이나 다자녀 가구 세제 혜택, 양육비 지원도 좋지만, 늘어나는 이른둥이들이 좀 더 건강하게 자랄 수 있도록 보살펴주는 정책이 아쉽네요. 그게 소중한 아이를 얻고도 죄책감을 느끼는 엄마들에 대해 우리 사회가 보여줄 수 있는 최소한의 배려라고 생각합니다.

난 엄마다운 엄마일까

출산휴가를 마치고 기자 생활로 복귀한 초기, 한동안 죄책감에 시달렸습니다. 주변에서는 "아이가 눈에 밟히겠다"거나 "아이 생각나서 어떻게 일하느냐"며 위로 아닌 위로들을 해주었지요. 일하면서 만난 많은 엄마들도 집에 두고 온 아이 생각에 미안한 마음이 굴뚝같다고들 했고요.

하지만 제가 죄책감을 느낀 이유는 그게 아니었습니다. 반대였어요. 오히려 그런 미안한 마음이 잘 생기지 않아서 죄책감을 느꼈지요. 아이를 당신 자신보다 더 아껴주시는 시어머니가 계시기 때문인지 아이가 많이 아플 때가 아니면 출근해서 일단 일을 손에 잡으면 아이 생각은 어느새 사라졌지요. 그래서 내가 엄마 자격이 있는 사람인가 하는 의문이 생겼습니다. 어쩌면 모성이 부족한 사람일지도 모른다는 생각마저 들었어요. 아이가 28

개월 때 다녀온 지방 출장 직후 이런 죄책감이 최고조에 달했습니다.

2010년 6월이었지요. 우리나라 첫 우주 발사체 나로호KSLV-II의 2차 발사 예정일 전날, 아이와 여느 때처럼 출근 인사를 하고 집을 나서 전라남도 고흥에 있는 나로우주센터로 내려갔습니다. 2박 3일 출장이었지요. 나로우주센터에 도착한 뒤 기사 마감을 어느 정도 마친 다음 시댁에 전화를 드렸어요.

그런데 수화기 너머 어머니 목소리가 심상치 않았습니다. 아이가 많이 앓고 있었어요. 열이 39도까지 올랐고, 밥도 잘 안 먹는다며 어머니께서 걱정하고 계셨어요. 먹은 게 없어서 기운도 떨어졌는지 온몸을 파르르 떨기까지 했다고 합니다. 아침에 출근할 때까지만 해도 평소와 다름없이 잘 놀았는데, 순간 가슴이 철렁했지요. 아픈 아이를 두고 멀리까지 일하러 왔다는 사실 때문에 아이에게 정말 미안했어요.

하지만 전화를 끊은 뒤 제 관심은 다시 나로호 발사에 쏠렸습니다. 물론 아이가 걱정되긴 했지만, 일단은 현장에서 일을 제대로 마쳐야 한다는 생각이 먼저였지요. 나로우주센터에 도착한 이틀날, 2박 3일로 예정돼 있던 출장 일정이 하루 연장됐어요. 갑작스럽게 발사가 연기되었기 때문입니다. 그만큼 현장은 정신없이 돌아갔고, 긴장된 분위기가 나흘 내내 이어졌지요. 일에 점점 더 집중할 수밖에 없었어요. 아이 곁에는 믿고 의지하는 어머니가 계셨기 때문일까요? 만약 어머니가 아니라 아이를 돌봐주는 아주머니가 있었다면 어땠을까요?

과학 기자로서 나로호 2차 발사가 성공하기를 바랐지만 결국 실패로 끝났습니다. 한편에는 허탈한 마음을, 다른 한편에는 아이 걱정을 안고 공항으로 향했지요. 돌아오는 비행기 안에서, 제 모성은 도대체 얼만큼일까 혼란스러워졌습니다.

사람들은 흔히 '모성 본능'이라는 말을 씁니다. 심지어 국어사전에서도 모성을 '여성이 어머니로서 갖는 정신적, 육체적 성질 또는 그런 본능'이라고 설명하지요. 여성이라면 당연히 모성을 타고난다는 말로 들립니다.

많은 과학자들도 모성이 여성의 본능이라는 데 동의해요. 여성이 남성보다 다른 사람을 세심하게 더 잘 보살피는 게 바로 모성 본능 덕분이라는 거죠. 보모나 간호사처럼 타인을 돌보는 직업에 남성보다 여성이 많은 이유도 본능과 더 잘 맞아 떨어지는 일이기 때문이라는 분석도 있어요.

신경과학자들은 모성이 본능이라는 근거로 호르몬을 들지요. 아기를 낳을 때 여성의 몸에서는 옥시토신이라는 호르몬이 나와요. 이 호르몬은 자궁 근육을 수축시켜 진통을 일으키면서 아기를 밀어낼 수 있도록 도와요. 출산 후에는 젖이 잘 나오도록 해주고요. 아이를 낳은 여성의 몸에서 급격히 느는 옥시토신 덕분에 엄마가 아이에게 무한한 애정을 쏟게 된다고 과학자들은 설명합니다. 여성의 몸이 모성을 발휘할 수 있도록 아예 디자인돼 있다는 뜻이기도 하지요.

　이쯤 되니 저는 더 혼란스러워졌습니다. 혹시 나는 다른 엄마들보다 옥시토신 분비량이 적은 건 아닐까 생각한 적도 있어요. 하지만 불행인지 다행인지, 알고 보니 이런 혼란을 겪는 엄마들이 저 말고도 꽤 있다고 하네요. 한 여성 정신과 의사는 모성이 없는 것 같다며 자책하는 엄마들뿐 아니라 가끔은 아이가 아예 미워지기도 한다는 엄마들, 자기 인생이 아이 때문에 너무 힘들어진 것 같다며 답답해하는 엄마들이 끊임없이 상담을 요청해 온다고 했습니다.

　그 엄마들에게 의사는 이렇게 조언했다고 해요. "엄마가 됐다고 누구나 저절로 모성이 생기는 건 아닙니다. 너무 자책하지 마세요. 또 스스로 너무 '엄마다운 엄마'나 '좋은 엄마', 아이를 위해 자신을 '희생하는 엄마'가 돼야 한다고 강요하지 마세요."

　최근 과학계에서도 모성을 바라보는 시각이 조금씩 변하고 있는 것 같아요. 진화적으로 사람과 가장 가까운 영장류의 생태를 오랫동안 연구한 과학자들을 중심으로 자식을 위해 헌신하는 게 전형적인 어머니 모습이라는 생각이 편견일 뿐이라는 주장이 조심스럽게 나오고 있으니까요. 영장류 암컷이 새끼를 낳고 돌보는 일보다 자신의 휴식이나 성장을 택하는 경우도 적지 않다는 겁니다. 어떤 암컷은 새끼 양육을 다른 동료에게 맡기고 자신은 바깥 활동에 나가기도 한다고 해요. 영장류나 사람이 모성을 본능으로 갖고 진화해왔다고 단정하기에는 설명하기 어려운 현상이지요.

게다가 무리 안에서 사회 활동을 적극적으로 하는 암컷의 자식들이 그렇지 않은 암컷의 자식들보다 생존률이 더 높았다는 연구 결과도 있다고 해요. 전형적인 헌신적 모성이 아니라 적극적이고 능동적인 새로운 형태의 모성도 자식의 삶에 긍정적인 영향을 끼칠 수 있다는 동물행동학적인 근거지요. 모성이 반드시 가정의 테두리 속에서 희생적인 형태로 발휘돼야 할 필요는 없을 거라는 추측도 할 수 있고요.

최근에는 여성이 모성을 학습을 통해 후천적으로 배운다는 주장도 나옵니다. 자신의 생각대로 따라주지 않는 데다 말도 잘 통하지 않고, 툭 하면 감기를 달고 살고, 잠시만 눈을 떼도 넘어지고 다치는 아이를 기르면서 엄마들은 감정을 조절하는 방식을 터득하고, 예상치 못한 일을 혼자 해결할 수 있는 배포를 기르고, 발달 과정에 대한 지식을 새롭게 얻게 되지요. 그러면서 자신도 모르는 사이에 자연스럽게 모성이 길러진다는 것입니다.

일부 전문가들은 모성이 꼭 타고나는 것만은 아니라는 근거로 산후 우울증을 들지요. 세계적으로 아이를 낳고 난 여성의 10~30퍼센트가 크든 작든 우울증을 겪는다고 해요. 모성을 위협하는 요인인 산후 우울증을 이렇게 많은 여성이 겪는다는 건 참 놀라운 일입니다. 모성이 정말 본능이라면 여성이 굳이 우울증을 앓으면서까지 본능을 거부하려는 이유는 뭘까요?

옥시토신 효과도 다시 생각해볼 수 있어요. 호르몬 분비는 사람에 따라, 환경에 따라 차이가 크다고 알려져 있습니다. 아직 우리 사회에선 아이

를 기르고 가르치는 게 당연히 여성의 일이라고 여깁니다. 아이가 아파 한두 시간 일찍 퇴근하고 싶다는 말을 선뜻 꺼낼 수 있는 워킹맘은 많지 않지요. 워킹맘에게 모성을 발휘할 기회는 주지 않고, 의무는 그대로 떠넘기는 사회인 셈입니다. 이런 환경이라면 여성의 몸에서 옥시토신 효과가 조금씩 줄어들 수 있지 않을까요?

3박 4일 취재 일정을 마치고 시댁 현관문을 열고 들어섰습니다. 할머니, 할아버지와 도란도란 놀고 있던 아이가 문소리에 돌아보더니 눈이 동그래졌어요. 놀던 손을 멈추고 잠깐 가만 서 있더니 입꼬리가 수줍게 살짝 올라가다 이내 함박웃음이 됐지요. 종종걸음을 치며 현관으로 달려온 아이가 와락 품에 안겼어요. 포동포동 보송보송 부드러운 아이와 살이 맞닿은 순간, '아, 이게 모성이구나' 싶었습니다. 처음부터 엄마다운 엄마로 태어나지 않았다고 자책할 이유는 없을 것 같습니다. 아이가 자라면서 함께 차근차근 모성을 배워갈 수 있는 시간이 많으니까요.

워킹맘 머피의 법칙

살다보면 유달리 일이 뜻대로 안 될 때가 있지요. 이럴 때 사람들은 '머피의 법칙'이라는 말을 떠올리곤 해요. 우리 집에서도 아이를 키우기 시작한 뒤 한동안 머피의 법칙이 있었어요. 엄마나 아빠가 직장에서 여름휴가를 낼 때마다 우리 아이가 꼭 된통 앓곤 했거든요.

직장과 육아를 병행하는 워킹맘에게 휴가란 단순한 휴식 이상의 의미가 있습니다. 평소 아이와 많은 시간을 보내주지 못하는 미안함에 대한 보상 심리가 최고조에 달하니까요. 저 역시 휴가 첫날엔 어딜 데려가고, 둘째 날엔 뭘 해서 먹이고, 마지막 날엔 무슨 선물을 해줘야지 하며 몇 주 전부터 계획을 세우곤 했어요. 하지만 아이가 휴가 때마다 열이 나고 토하면서 안타깝게도 이런 계획이 번번이 물거품이 되고 말았지요.

 '도대체 왜 나에게만 머피의 법칙이 따라다니는 걸까?' 하필 휴가 때를 골라 아픈 아이를 보면서 이런 생각 많이도 했어요. 꼭 아이와 관련된 일이 아니더라도 어떤 일이든 원하는 대로 풀리지 않을 때마다 사람들은 머피의 법칙을 원망하지요.

 과학의 눈으로 보면 머피의 법칙은 다름 아니라 확률입니다. 실제로 어떤 일이 일어날 확률을 꼼꼼하게 계산해 머피의 법칙을 증명하려 한 과학자들도 있어요. 예를 들어 영국 물리학자 로버트 매튜스는 빵에 잼을 바르다가 놓치면 꼭 잼이 묻은 면이 바닥에 닿는다는 머피의 법칙을 증명했다고 해요. 손바닥에 있던 빵은 떨어지면서 회전합니다. 그런데 이때 잼이 묻지 않은 면이 아래로 향하려면 한 바퀴를 온전히 돌아야겠지요. 하지만 빵이 떨어지는 속도와 중력의 세기 같은 여러 가지 물리적 요인을 고려해 계산한 결과 빵을 들고 있는 손 정도의 높이에서는 빵이 한 바퀴를 채 돌지 못한다는 결론이 나왔습니다. 반 바퀴만 돌아 뒤집어진 채 떨어지는 것이 물리학적으로 보면 당연하다는 말이에요.

 그렇다고 세상 모든 일을 이처럼 계산으로 명확히 설명해낼 수는 없는 노릇이지요. 어떤 과학자들은 머피의 법칙이 뇌에서 일어나는 '선택적 기억'이라는 메커니즘 때문에 생긴 것이라고도 설명해요. 바라던 대로 술술 풀린 일들은 쉽게 잊히고, 그렇지 않은 어려웠던 일들만 뇌 속 저장 공간에 오래도록 남는다는 거예요. 한마디로 머피의 법칙은 우리 뇌의 주관적인 통계 처리 때문에 생기는 오해라는 말이지요.

둘 다 일리 있어 보이네요. 차분히 생각해보니 모처럼 휴가를 맞은 엄마, 아빠가 한껏 들뜬 마음에 일정을 빽빽하게 짠 게 사실 아직 어린아이의 몸에 무리가 되었을지도 모를 일이에요. 아니면 저나 남편이나 아이가 지난 시간 동안 별다른 사고 없이 건강하고 밝게 자라주었다는 사실은 까맣게 잊고 휴가 때 아팠던 기억만 떠올리는 걸 수도 있지요.

어느 쪽이든 우리 아이가 엄마, 아빠의 스케줄에 맞춰주기를 바라는 이기적인 마음이 깔려 있었던 것 같아서 반성했습니다. 한 과학자가 쓴 책에서 읽은 내용이 떠오르네요. "머피의 법칙은 세상이 우리에게 얼마나 가혹한가를 말해주는 법칙이 아니라 우리가 세상에 얼마나 많은 것을 무리하게 요구했는가를 지적하는 법칙이다."

참다 참다
폭발하는 순간

아이가 두 돌 지나고 30개월 되던 해 여름이었어요. 오랜만에 수영복 차림으로 바닷가에 섰지요. 얼마 만인지 헤아려보니 신혼여행 후 처음이었더군요. 굳이 따져서 국내 바닷가로만 치면 대학 졸업 후 처음이었지 싶어요. 학생 땐 바닷가를 친구들과 갔는데 이젠 남편과 아이가 동행하네요. 제 상황은 많이 달라졌지만 바닷가 풍경은 여전했습니다. 간만에 맞는 바닷바람에 조금은 센티멘털해진 엄마와 달리 우리 아이는 모래사장과 바다를 오가며 물 만난 물고기처럼 원 없이 놀았지요.

물속에서 나온 아이를 잠시 쉬게 할 겸 모래사장에 앉혔어요. 나도 아이 옆에 앉아서 장난삼아 마른 모래를 한 움큼씩 집어 한곳에 계속 떨어뜨렸어요. 위에서 떨어지는 모래알이 바닥에 점점 쌓이면서 원뿔 모양으로 모래더미가 생겼지요. 이 광경이 재밌는지 바라보는 아이 눈이 휘둥그래졌어요.

아이가 관심을 보이자 저도 재미가 붙어 그 위로 모래알을 계속 떨어뜨렸어요. 모래로 만들어진 원뿔 모선의 기울기가 점점 가팔라졌지요. 그러다 어느 순간 와르르 무너져 내렸습니다. 예상대로 무너진 것이었지만 아이는 무너질 거라고는 전혀 예측하지 못했는지 금방 울상이 돼서 다시 만들어 달라며 모래사장에 철퍼덕 주저앉아 칭얼댔어요.

물리학으로 보면 이렇게 모래 더미가 무너져 내리는 순간이 바로 임계점이지요. 작은 변화가 계속되다 처음과 전혀 다른 상태로 바뀌게 되는 순간을 뜻하는 말입니다. 물이 끓는 과정을 떠올리면 이해가 좀 더 쉬워요. 주전자에 물을 담고 가열하면 물의 온도가 점점 올라가다 섭씨 100도가 되는 순간 끓기 시작해요. 이때가 바로 임계점인 거예요.

그런데 물과 모래 더미의 임계점은 좀 차이가 있어요. 물이 임계점에 도달하려면 온도가 변해야겠지요. 온도는 외부에서 임의로 변화시킬 수 있고요. 물을 끓이는 사람이 불을 조절하면서 가열을 세게 할 수도, 살살 할 수도 있다는 말이에요.

하지만 모래 더미의 기울기는 모래알을 떨어뜨리는 사람이 변화시키는 게 아니지요. 모래의 크기나 모양, 무게, 떨어지는 높이 등에 따라 자체적으로 결정됩니다. 모래 더미를 만들 때마다 매번 무너지는 기울기가 달라질 수도 있어요. 결국 모래 더미 스스로 임계점에 다다른다는 이야기입니다. 물리학자들은 이 과정을 물과 구분해서 "자기조직 임계현상"이라고 부

른답니다.

    자기조직 임계현상은 우리 주변에서 어렵지 않게 찾아볼 수 있어요. 물리학 분야의 한 국제 학술지에는 비가 오는 것도 자기조직 임계현상이라는 미국 과학자들의 연구 결과가 실리기도 했어요. 지상이나 바다에서 증발한 수증기가 대기 중으로 계속 유입되다가 추가로 유입되지 못할 정도까지 포화되면 어느 순간 비가 돼서 내리게 되지요. 이 순간은 사람은 물론 수증기 공급원도 마음대로 조절하지 못합니다. 대기에서 자체적으로 정해지는 셈이죠.

    사람의 감정도 어찌 보면 자기조직 임계현상 중 하나예요. 스트레스나 불만이 쌓이고 쌓이다보면 어떤 말이나 사건을 계기로 갑자기 폭발하는 걸 보면 말이에요. 감정을 다스릴 수 있는 임계점을 자신도 모르게 넘어버리는 거지요.

    사실 아이를 키우면서 이런 경험이 더 잦아졌어요. 뜻대로 따라주지 않는 아이에게 참다 참다 나도 모르게 버럭 화를 내곤 돌아서서 미안해한 적이 셀 수 없이 많거든요. 화가 폭발할 것 같은 순간을 제가 스스로 미리 알지도 못하지요. 그러고 보니 엄마가 되어가는 과정은 이런 감정의 임계점을 이성이나 인내심이 조절할 수 있도록 만들어가는 과정이기도 합니다.

    하지만 뭐, 엄마라고 감정의 임계점을 항상 철저하게 다스려야만 한다는 법은 없지요. 엄마도 사람이니 가끔은 폭발해도 괜찮지 않을까요? 단 자신도 모르게 아이에게 화를 냈다면 곧바로 아이에게 미안하다 말하고 엄마가 왜 화를 냈는지 이유를 조목조목 차근차근 설명해주라고 전문가들은 조언합니다. 내 마음을 굳이 말하지 않아도 아이가 알아주겠지 하고 지나치면 아이는 엄마의 진짜 마음을 모른 채 엄마를 오해하게 될 테니까요.

아톰부터 트랜스포머까지

밥 먹일 때마다 숟가락 들고 아이 꽁무니를 졸졸 따라다니다 지쳐서 제가 고안해낸 놀이가 있습니다. 이름하여 '소금놀이'예요. 사실 별건 아니에요. 소금이 담긴 조미료 통과 빈 그릇, 숟가락만 밥상에 올려주면 되거든요. 그러면 부산하던 아이가 잠시 밥상에 붙어 앉아 소금놀이에 열중하니까요. 그릇에 소금 한 숟가락, 물 한 숟가락, 반찬 한 조각씩 넣고 섞으며 재잘거립니다. "맛있는지 엄마도 한번 먹어보세요", "짜니까 물을 더 넣어야 해"라며 자기 나름대로 '요리'를 하지요.

그렇게 앉아 노는 동안 옆에 붙어서 잽싸게 밥을 먹이고 나면 새로운 일이 생겨요. 바닥이 온통 소금 천지가 되니 빗자루로 쓸든 청소기를 돌리든 해야 하지요. 그럴 때마다 로봇 청소기나 하나 있으면 편하겠네 싶어요. 그 말을 듣고 "까짓 거 하나 사자"는 남편에게 "돈이 어딨냐"며 눈을 흘기곤 합니다. 제가 기억하는 로봇 청소기 가격은 수백만 원대였으니까요.

　세상에 처음 등장한 로봇 청소기는 2001년 스웨덴 회사 일렉트로룩스가 내놓은 트릴로바이트예요. 당시 환율로 약 290만 원이었어요. 값도 비쌌을뿐더라 로봇이라는 이름값을 못했습니다. 청소하다 장애물에 부딪히면 무작위로 방향을 틀어 툭하면 전선에 뒤엉키고, 침대나 소파 밑에 들어갔다 배터리가 떨어져 난감한 상황이 되기 일쑤였으니까요.

　요즘은 얼마나 하나 알아보다 깜짝 놀랐어요. 가격이 최저 30만 원대까지 떨어졌지 뭐예요? 로봇 청소기가 나온 지 10년 남짓. 업계에서는 그동안 거품은 빠지고 기술은 업그레이드됐다고 설명합니다. 예전에는 한 가지 방식으로만 장애물을 인식했지만, 지금은 적외선과 범퍼를 함께 이용하는 혼합 인식 기술도 적용됐어요. 쉽게 통과할 수 있는 이불이나 옷, 커튼 등도 적외선은 장애물로 인식하는데, 범퍼를 같이 쓰는 로봇 청소기는 일단 부딪혀보고 돌아오는 압력에 따라 통과할지 방향을 틀지 스스로 판단합니다. 자동 충전 기능이 추가되어서 전원이 갑자기 꺼지는 일도 없어졌다고 하고요.

　로봇 청소기 업게 흐름은 크게 둘로 나뉘었어요. 더 나은 '로봇'으로 만들려는 쪽과 더 나은 '가전제품'으로 만들려는 쪽으로 말이에요. 둘은 다른 기술이니까요. 먼지가 남았는지 스스로 확인해가며 같은 공간을 여러 번 청소하는 꼼꼼한 로봇을 택할지, 집 전체 청소를 한 번에 빨리 끝내주는 효율적인 가전을 택할지 로봇 청소기 시장의 향방은 소비자의 몫으로 남았어

요. 적어도 로봇 청소기에서는 과학기술의 발전 방향을 엄마들이 좌우할 것 같네요.

남편이 집에서 청소할 때마다 이런저런 로봇 청소기 이야기를 꺼내면 아이는 신이 나서 사자고 난리예요. 고 녀석한테는 로봇 청소기가 가전제품이 아니라 그저 장난감이 되겠지요. 어릴 땐 로봇 장난감을 봐도 시큰둥하던 녀석이 네 돌 전후부터는 텔레비전에서 본 만화영화 속 로봇 이름을 꿰고 다니네요. 메가조드, 옵티머스, 범블비, 또봇, 미라클킹 등등. 로봇 만화에 나오는 어려운 영어 이름을 조그만 녀석이 잊어버리지도 않고 꼬박꼬박 기억하는 걸 보면 참 희한해요.

어릴 적 기억에 남는 로봇을 꼽으라면 전 아톰이에요. 눈에선 빛을, 손가락에선 레이저광선을 발사했지요. 옛 만화 속 로봇들은 대부분 사람을 닮았어요. 아톰뿐 아니라 태권브이도, 마징가제트도 그랬죠. 만화에서 아톰은 2003년에 탄생했어요. 2003년이 지난 지 한참인데 아톰 같은 로봇은 현실에 아직 없네요. 인지능력은 둘째 치고 로봇을 사람 같은 형태로 구현하는 것도 여전히 쉽지 않기 때문입니다.

사실 로봇이 꼭 사람처럼 생겨야 할 이유는 없어요. 과학자들은 오히려 사람처럼 두 다리로 걷는 로봇이 경제성은 떨어진다고 말하죠. 만드는 비용이나 수고에 비해 할 수 있는 일이 많지 않다는 거예요. 울퉁불퉁한 지형에서도 쓰러지지 않고 자유롭게 돌아다니며 전투하려면 말이나 개처럼 다리가 넷 달린 로봇이, 들키지 않고 빠르게 조용히 이동하려면 바퀴 달린 로봇이 낫대요. 기능에 따라 적합한 로봇 형태가 다르다는 이야기죠.

그럼에도 여전히 아이들이 좋아하는 로봇 만화에는 사람 같은 로봇이 등장해요. 만화영화 〈트랜스포머〉에 나오는 옵티머스도, 범블비도, 알씨도 사람과 자유롭게 소통하고 심지어 감정도 표현하지요. 사람을 돕고, 사람처럼 행동하고, 사람과 생각이나 감정까지 교류하는 로봇을 만들고 싶은 인류의 오랜 바람이 이런 로봇을 그려낸다는 게 과학자들의 분석입니다. 아이가 맞을 미래 세상에선 정말 자아를 지닌 로봇이 등장할지도 모르겠네요.

그 전에 갖춰야 할 게 있어요. 로봇 군인의 오발이나 로봇 의사의 오진에 어떻게 대처해야 할지, 로봇이 스스로 권리를 주장할 때 어떻게 받아들여야 할지 우리는 충분히 고민하지 못했습니다. 바로 로봇을 둘러싼 윤리 문제예요. 이런 고민을 바탕으로 2007년에 우리나라에서 로봇윤리헌장 초안이 만들어졌어요. 깊이 있는 접근이 부족했다는 지적을 받았지만, 세계 최초로 시도되었다는 데 의미가 있지 않았나 싶어요.

그런데 로봇윤리헌장은 그 뒤로 후속 진행이 지지부진합니다. 우리 아이들이 어른이 된 미래 세상의 로봇공학에선 기술만큼이나 윤리가 중요해질 텐데 아쉽습니다. 기본적인 예의나 윤리가 점점 그 무게를 잃어가는 세상이에요. 아이들이 놀면서도 윤리를 배울 수 있도록 과학자들이 조금 더 애써주길 바랍니다.

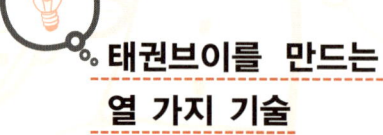
태권브이를 만드는 열 가지 기술

요즘 젊은 부모 세대가 기억하는 어린 시절 가장 친숙한 로봇 친구는 태권브이다. 지난 2006년이 태권브이가 세상에 나온 지 30년 된 해였다. 오래됐지만 요즘 아이들이 좋아하는 로봇 캐릭터와 견주어도 손색이 없다. 아이가 로봇을 좋아한다면 옛 추억을 떠올리며 태권브이 같은 만능 로봇을 만들려면 과연 어떤 기술이 필요할지 함께 짚어보는 건 어떨까? 아쉽게도 현실에서 이런 로봇을 만나려면 아직 많이 기다려야 한다는 사실도 솔직히 이야기해주면 아이가 첨단 로봇공학자의 꿈을 키울지도 모를 일이다.

동작 제어: 걷고 달리고 뛰어오를 수 있는 기술이다. 사람의 동작을 컴퓨터로 시뮬레이션 해 로봇에게 입력하거나 로봇 스스로 인식하게 만든다. 현재 로봇은 시속 6킬로미터 정도로 빠르게 걷는다.

비행: 하늘을 나는 기술이다. 로켓처럼 추진제와 엔진이 필요하다. 만화에서처럼 로봇이 자유자재로 날아다니려면 몸무게를 순간적으로 아주 가볍게 만드는 반反중력 기술도 있어야 한다.

뇌파 조종: 사람의 뇌와 기계를 이어주는 기술(BMI)이다. 뇌에 전극을 달고 이를 로봇에 이어 생각을 전달하는 것이다. 굳이 로봇 안에 직접 탈 필요 없이 원격 무인 조종으로도 가능하다.

무기: 적을 타격하고 다시 돌아오는 주먹과 손등에서 나가는 휴대용 미사일, 얼굴에서 쏘는 레이저 광선총 등은 가장 현실과 가까운 기술이다.

센서: 사람의 다섯 가지 감각을 로봇에게도 부여하는 기술이다. 시각이나 청각처럼 물리적 변화로 생기는 감각에 비해 미각이나 후각, 촉각 등 화학적 변화가 수반되는 감각은 구현하기가 더 어렵다.

재료: 절대로 찢어지거나 깨지지 않는 소재로 태권브이만큼 거대한 로봇을 만드는 건 아직 어렵다. 하지만 파괴된 부분을 스스로 재생하는 첨단 소재는 연구되고 있다.

힘: 사람의 팔다리 근육과 뼈대를 본떠 만들어야 큰 힘을 낼 수 있다. 힘이 세면서 동시에 소음은 적고 움직임을 빠르게 할 수 있느냐가 관건이다.

에너지: 태권브이처럼 거대한 로봇은 핵융합 에너지원이 필요하다. 예를 들어 핵융합반응에서 생긴 전하 물질의 운동에너지를 전기에너지로 바꿔 쓰는 식이다.

시스템 디자인: 전문가들이 환산한 태권브이의 키는 56미터, 몸무게는 5,600톤이다. 이 덩치를 자유롭게 움직이려면 구조 설계를 최적화하는 게 핵심이다.

기지: 만화 속 태권브이 기지 정도는 현재 기술로도 충분히 지을 수 있다. 날아오를 때 나오는 엄청난 열과 가스를 바로 배출할 수 있는 환기 시설이 필수다.

동심을 지켜주세요

주말 내내 남편이 몸살감기로 끙끙 앓았습니다. 조용히 쉬라고 아이를 데리고 나왔어요. 둘이서 하루 종일 뭘 할까 고민하다 동물원에 가보기로 의기투합했지요. 얼마 만에 가보는 동물원이었는지……. 동물원의 가을은 그야말로 절정이었습니다.

발이 닿을 때마다 사박사박 소리가 나는 낙엽 길을 따라 아이와 함께 걸었지요. 홍학과 기린, 코뿔소, 하마, 미어캣, 코끼리 등 크고 작은 동물들도 보면서 말이에요. 책이나 텔레비전에서 많이 보던 동물들이라 아이가 나름대로 부쩍 친숙하게 느끼는 것 같았어요. 일일이 손을 흔들며 아는 체를 하던데요. 어린아이들은 사람처럼 동물도 친구를 만나면 반가워하고, 인사를 안 해주면 서운해할 거라고 여기니까요.

그런데 그 마음, 어른이 돼가면서 사라지지요. 점점 동물을 대하는 마음이 무덤덤해져요. 심지어 이익을 위해 동물을 이용하기도 하고요. 사실 과학이 지금처럼 발전할 수 있었던 건 그 뒤에 수많은 동물의 희생이 있었기 때문입니다.

1960년대 초만 해도 임신인지 아닌지를 알아보려면 토끼가 필요했어요. 여성의 소변을 토끼 배 속에 넣고 토끼 난소에 황체(여성의 몸에서 배란 후 만들어지는 물질)가 생기는지를 확인해봐야 했지요. 결국 토끼를 죽여 부검할 수밖에 없었다는 이야기입니다.

특정 화학물질이 사람 몸에 독성을 일으키는지를 알아보기 위해서 토끼나 기니피그, 생쥐 같은 실험동물의 몸에 그 물질을 직접 주입하기도 했지요. 토끼 각막에 화학물질을 넣거나 기니피그 피부에 화학물질을 발라 어떤 부작용이 생기는지를 확인하는 식으로 말이에요. 사람 몸에 해가 없는 의약품이나 화장품을 만들기 위해 애꿎은 동물들이 고통과 희생을 감수해왔던 셈입니다.

1980년대부터 과학계에서는 이 같은 무자비한 동물실험에 대해 대안을 모색하기 시작했어요. 살아 있는 동물 대신 죽은 동물의 조직이나 세포를 써서 실험하고, 아예 동물이 필요 없는 실험용 인공 조직을 개발하고, 포유류 같은 고등동물 대신 고통에 민감하지 않은 하등동물을 이용하는 식으로요. 실제로 토끼의 눈 대신 식용으로 도축한 소의 각막이나 부화시킨 유정란이 실험에 쓰이기 시작했고, 기니피그의 피부는 사람 피부 세포를 배양

해 3차원 조직처럼 만든 인공 피부로 대체됐습니다.

    1959년 영국의 과학자들이 제안한 '3R 원칙'도 널리 지지를 받게 되었어요. 가능한 한 동물실험 말고 다른 방법을 쓰고Replace, 필요한 실험동물의 수를 최대한 줄이고Reduce, 실험동물의 고통을 최대한 완화하자Refine는 원칙입니다. 살아 있는 사람 몸의 구조나 기능을 본떠 만든 컴퓨터 프로그램이나 바이오센서도 등장했지요. 머지않아 동물 없이 동물실험을 할 수 있는 세상이 올지도 모르겠어요.

    동물에게 손을 흔드는 아이의 모습을 보고 있자니 문득 옛 사진첩 속의 제 모습과 겹치더군요. 사진에 담긴 어린 저 역시 그 시절 엄마, 아빠 손을 잡고 동물원에 가서 동물들에게 인사를 하고 있었으니까요. 내친 김에 아이를 따라 저도 "하마야, 안녕" 한 번 해보았지요. 살짝 어색했습니다.

    옛날에 비해 많이 줄었지만 그래도 실험을 위해 부득이하게 희생되는 동물이 여전히 적지 않아요. 실험동물을 대하는 과학자라면 한번쯤 동심童心을 되돌아보길 바랍니다.

동물은 언제부터 동물원에 있었을까

학자들이 인정하는 세계 최초의 동물원은 기원전 1300년께 이집트에 있었다. 당시 이집트의 왕과 귀족들이 희귀한 동물을 가까이에 잡아다 놓고 구경하기 위해 만들었다는 것이다. 이후에는 귀족들이 사냥을 하거나 제사를 지내려는 목적으로 동물을 기르는 수렵원을 세우기도 했다.

근대적인 동물원의 효시로 꼽히는 곳은 오스트리아 쇤브른동물원이다. 1752년 오스트리아 국왕이던 프란츠 1세가 그의 왕비를 위해 세운 이 동물원은 1765년이 되어서야 일반인에게도 공개되었다. 그 전까진 동물이 권력을 과시하는 수단으로 이용되었던 셈이다. 귀족이 아닌 보통 사람들이 동물을 가장 쉽게 볼 수 있었던 곳은 서커스단 정도였다.

그랬던 동물원이 180도 바뀐 건 1829년 영국에서 문을 연 런던동물원 이후다. 왕가나 귀족이 아니라 동물학자들이 시민들을 위해 동물원을 세우고 운영하기 시작한 것이다. 이때부터 동물원이 단순한 귀족의 구경거리나 취미가 아니라 동물학 발전에 기여하고 동물을 친근하게 만날 수 있는 장소로 새롭게 자리매김했다.

이후 동물원은 사람뿐 아니라 동물을 위하는 공간으로 탈바꿈하기 시작했다. 20세기 초에는 동물을 가두기 위해 설치한 철책을 걷어내고 일종의 도랑인 해자를 만들었다. 20세기 후반 들어서는 동물이 원래 살던 서식지와 최대한 비슷한 환경을 만드는 데 초점을 맞췄다. 미국 우드랜드공원과 캐나다 토론토동물원 등이 좋은 예다. 이 같은 움직임은 지금도 계속되고 있다.

에필로그

엄마가 책을 낸다는 게 그리고 그 책이 자기 이야기라는 게 아이에게 어떤 의미일까요? 네 돌밖에 안 지난 터라 당연히 잘 모를 테지만, 그래도 물어는 보고 싶었어요. 아니나 다를까, 대화는 번번이 산으로 가고 강으로 갔습니다. 몇 주 동안 아이를 졸졸 쫓아다니면서 간신히 얻어낸 대답은 그저 "엄마가 주는 많은 선물 중 하나"였어요. 이 책을 스스로 읽고 생각하게 될 때쯤에야 아이는 자기 이야기가 담긴 특별한 선물을 받았다는 사실을 깨닫게 되겠지요.

"엄마는 무슨 일 하는 사람이지?"
"신문지 만드는 거."
"그냥 신문이라고 하는 거야. '지' 자는 빼도 돼."

"신문 만드는 거요."

"엄마가 우리 훈이 이야기를 신문에 썼거든. 그 이야기가 많이 모였어. 그래서 그걸 책으로 만들려고 해. 어때?"

"좋아요."

훈이는 뒹굴뒹굴 딴짓만 합니다.

"무슨 얘기 썼을 것 같아?"

"훈이가 엄마 도와준 이야기, 목욕한 이야기, 안아주는 이야기."

"맞아. 그리고 예방접종 이야기도 있는데."

"으앙 하고 운 이야기?"

이제야 관심을 보이네요.

"응, 또 과학 이야기도 있어."

"과학이 뭔데요?"

"엄마랑 같이 예전에 과학관 가봤지? 거기서 본 게 다 과학이야."

"공룡?"

"그래, 공룡! 생각이 나? 과학관에 있던 공룡은 어떻게 왔다고 했지?"

"아저씨가 뼈를 찾았어요."

"어떤 아저씨가?"

"과학자 아저씨."

"맞아. 그때 본 공룡은 어떻게 생겼어?"

훈이가 손으로 모양을 그립니다.

"목이 길고, 얼굴이 좁아."

"키는?"

"고릴라처럼 커요!"

"진짜? 고릴라만큼? 우와! 그럼 공룡은 뭘 먹고 살았대?"

"바나나! 고릴라처럼!"

자신 있다는 말투네요.

"그래? 엄마도 그건 몰랐는데. 공룡이 뭘 먹고 살았는지, 언제 어디서 살았는지, 그런 걸 공부하는 사람들이 과학자야. 어때?"

"좋아! 그럼 로봇 과학자는?"

"맞아, 로봇 과학자는 장난감 말고 진짜 로봇을 만들 수 있어."

"진짜로 하는 거예요?"

"그럼! 우리 과학관에서 말도 하고 인사도 하고 춤도 추는 로봇 봤잖아. 생각나?"

"네, 로봇 과학자 되고 싶어요."

"어떤 로봇을 만들고 싶은데?"

"힘도 되게 세고 키도 엄청 크고 지구를 도와주는 로봇."

"우와! 몇 대나 만들 건데?"

"두 마리. 로봇가 더우면 선풍기도 꺼내줄 거예요."

"꺼내주려고? 그냥 로봇더러 꺼내라고 하면 되잖아."

"지구를 지켜주는데 우리가 미안하잖아."

훈이 대답이 재밌네요.

"아, 그렇구나. 로봇 이름은 뭐라고 지을까?"

"지구 로보트랑 대한민국 로보트."

"멋지다. 몇 살 때 만들 거야?"

"엄마처럼 아빠처럼 어른 됐을 때요."

"그럼 지금처럼 맨날 놀기만 하면 안 돼. 숫자 공부랑 글자 공부도 열심히 해야지 로봇 과학자가 될 수 있어."

"나 숫자 다 알아요!"

목소리가 갑자기 커졌어요.

"아이고, 깜짝이야! 그럼, 잘 알지. 근데 더하기 빼기도 잘해야 하거든. 훈이가 로봇 과학자 된다는 이야기를 이제 다른 사람들도 알게 되겠다."

"훈이 이야긴데?"

"책에 쓰면 다른 사람들도 다 같이 읽는 거야."

"엄마가 가져와서 훈이 먼저 보여주면 안 돼요?"

"알았어. 제일 먼저 선물로 줄게."

"좋을 거 같아요! 어린이집 가서 친구들한테도 보여줄 거야."

"책 선물 주면 꼭 갖고 있다가 이담에 학교 가서 글씨 배우면 꼭 읽어봐

야 해. 책도 읽어야 하고 로봇 과학자도 돼야 하니까 이제 글자 공부 좀 해야겠네?"

"맞아, 내일 할 거예요!"

아이와 이야기를 나눌 때마다 엄마라는 존재가 아이에게 얼마나 큰 영향을 끼치는지 새삼 생각하게 됩니다. 어린아이들은 세상을 생각보다 더 많이 엄마를 통해 알아가고 있을지도 모르겠어요. 밖에서 일하는 엄마든 안에서 일하는 엄마든 엄마의 '일'에 대해 아이와 자주 이야기해보는 건 어떨까요? 그러는 동안 우리 아이들이 더 많은 꿈을 키워갈 수 있지 않을까요?

엄마, 꼬추 검사 한 거야?

ⓒ 임소형

초판 1쇄 2012년 9월 21일 찍음
초판 1쇄 2012년 9월 28일 펴냄

지은이 | 임소형
펴낸이 | 강준우
기획 주간 | 현상원
책임 편집 | 원성두
편집 | 김진원, 문형숙, 심장원, 이동국
디자인 | 이은혜, 최진영
인턴 | 강지원, 권준상, 김민경, 김민호, 나원상, 박하늬, 박혜원, 박홍순, 송가희, 안정욱,
　　　안현지, 유재영, 윤라영, 윤우규, 이새하, 이윤경, 이지윤, 장우정, 조은비, 조정수
마케팅 | 박상철, 이태준
인쇄·제본 | 대정인쇄공사

펴낸곳 | 한국in
출판등록 | 제17-204호 1998년 3월 11일

주소 | (121-839) 서울시 마포구 서교동 392-4 삼양E&R빌딩 2층
전화 | 02-325-6364
팩스 | 02-474-1413

ISBN 978-89-5906-222-5 03590
값 13,000원

이 저작물의 내용을 쓰고자 할 때는 저작자와 인물과사상사의 허락을 받아야 합니다.
파손된 책은 바꾸어 드립니다.
한국in은 《한국일보》와 인물과사상사가 제휴해 만든 브랜드입니다.